Susanne Brandt

Im Kindergarten Bilderbücher erleben

Anregungen und Vorschläge

Mit Illustrationen
von Elke Junker und Stefan Horst

Verlag Ernst Kaufmann

Bibliografische Information Der Deutschen Bibliothek

Die Deutsche Bibliothek verzeichnet diese Publikation in der Deutschen Nationalbibliografie; detaillierte bibliografische Daten sind im Internet über http://dnb.ddb.de abrufbar.

1. Auflage 2005

Printed in Germany
Hergestellt bei Präzis-Druck GmbH, Karlsruhe
ISBN 3-7806-2651-9

Inhalt

Vorwort

Geschichten werden nicht geboren, um versteckt zu bleiben. Was Menschen erleben oder erfinden, erträumen und ersinnen, will früher oder später hinaus ins Freie, ausgesprochen oder aufgeschrieben werden. Dabei besteht die Sprache, in der das geschieht, nicht nur aus Buchstaben. Bilder und Fantasien, Mimik und Gestik, Klänge und Empfindungen sind mit im Spiel, wenn Geschichten wach werden, wachsen und weitergehen - vielleicht so wie dieses kleine Gedicht von Wolf Harranth es beschreibt:

Nimm ein Buch, mach es auf: Du kommst auf was drauf.
Lass es sein, mach es zu: Es gibt keine Ruh.
So ist das eben: Die Bücher leben.

Wolf Harranth, aus: Hans-Joachim Gelberg (Hrsg.) Überall und neben dir.

Auf das Leben in und mit Büchern und Geschichten will dieser Band neugierig machen. Die Beispiele laden ein zum *Erzählen,* lassen ahnen, was es in den Geschichten - auch zwischen den Zeilen - alles zu *entdecken* gibt und wecken Ideen, sich *spielerisch, gestaltend* und bewegt in das Leben dieser Geschichten einzumischen. Denn: Mit einem zugeklappten Buch gibt eine Geschichte eben noch lange keine Ruhe, sondern bleibt in Bewegung und setzt Bewegungen in Gang.

Geschichten in Bewegung

Kinder im Kindergartenalter, die das Lesen im eigentlichen Sinne noch nicht allein beherrschen, sind auf Vermittlung angewiesen - auf Menschen, die ihnen Geschichten erzählen oder vorlesen, die ihnen Bücher zugänglich machen und Raum schaffen zum Blättern und Schauen, Staunen und Fragen.

Was bei aller Vielfalt möglicher Gruppenaktivitäten zu den Geschichten und Themen der Bücher nicht vergessen werden darf: Das gemeinsame „kuschelige" Betrachten der Bilderbücher in kleiner Runde bleibt als eine von Vertrauen und Geborgenheit geprägte Form des gemeinsamen Betrachtens und Lesens die beste Basis und Begleitung für alles Tun, was sich anschließend davon ableiten lässt.

Gemeinsam betrachten und lesen

Zwar ist es ergänzend dazu möglich, die Geschichten zu bestimmten Anlässen im größeren Kreis vorzulesen oder nachzuerzählen, die wichtigsten Bilder gegebenenfalls auf Folie zu kopieren und per Tageslichtprojektor für alle an der Wand sichtbar zu machen. Wenn aber nicht gleichzeitig die vorgestellten Bilderbücher frei zugänglich in der „Kuschelecke" immer wieder zur Hand genommen werden können, wenn nicht immer wieder auch Zeit und Gelegenheit gegeben wird, um die Beziehung zum Buch zu suchen, das Erlebte darin wiederzuerkennen, Gespräche im Dialog zu führen, dann verlieren die Aktivitäten ihre Anbindung an das Buch oder lassen dem Kind zu wenig Raum, um auch das Verweilen beim Buch, das stille Schauen und Lauschen als besondere Eigenschaft dieses Mediums zu erfahren.

Verweilen beim Buch

Gleichwohl können vertraut gewordene Geschichten zum Auslöser werden für zahlreiche kreative Gruppenerlebnisse, für fantasievolle Umsetzungen mit Kopf, Herz, Hand und Fuß, für eigene Geschichten zum „Weiterspinnen". Dafür möchten die Vorschläge zu den Themenbereichen „Freunde", „Durch das Jahr" und „Spielräume der Fantasie" Beispiel sein.

Fantasievolle Umsetzungen

Die dafür ausgewählten und hier jeweils mit einer kurzen Inhaltsangabe wiedergegebenen Geschichten sind „Klassikern" und „Neulingen" auf dem Kinderbuchmarkt entnommen. Sie sind allesamt im Buchhandel oder über die nächstgelegene Bücherei zu beschaffen. Die meisten der vorgestellten Bücher enthalten Illustrationen, die zum „schauenden Lesen, Erzählen und Entdecken" einladen. Sollte es mal nicht möglich sein, den Originaltext einer Geschichte zur Hand zu haben, hilft die Fantasie. Die wesentlichen Momente der jeweiligen Handlung sind durch die Inhaltsangabe benannt und können durch das freie Erzählen leicht zu einer Geschichte „ausgesponnen" werden. Auch wenn einzelne Bücher möglicherweise irgendwann im regulären Buchhandel vergriffen sind, lassen sich die Titel oftmals noch über die Datenbank der Antiquariate ermitteln und bestellen. Diese ist im Internet unter www.zvab.com zu finden.

Einladung zum Weiterstöbern

Nicht zuletzt will dieser Band zum „Weiterstöbern" einladen. Nahezu unerschöpflich ist die Fülle an Geschichten, die zum Lesen, Spielen und Gestalten entdeckt werden wollen.

So gilt auch für dieses Buch selbst: Wenn es zugemacht wird, lässt es keine Ruhe. Die Entdeckungsreise durch die lebendige Welt der Geschichten hat gerade erst begonnen.

Susanne Brandt

Max Bolliger

Die Kinderbrücke

Erzählen & Entdecken

An einem Fluss wohnen zwei Bauern einander gegenüber. Im Laufe eines Tages liegt mal das eine, mal das andere Ufer in der Sonne. Das macht die beiden immer wieder neidisch aufeinander. Meinen sie doch, es sei stets der andere, der auf der vorteilhafteren Seite lebe. Im Streit darüber versuchen sie sich gegenseitig mit Steinen zu bewerfen. Aber der Fluss ist zu breit, und die Steine plumpsen ins Wasser. Nur die Kinder der beiden Familien, die streiten sich nicht. Neugierig schauen sie jeden Tag zueinander hinüber. Da passiert es, dass der Wasserspiegel sinkt und die hineingefallenen Steine freilegt. Sogleich hüpfen die Kinder von einer Steininsel zur nächsten, um sich in der Mitte des Flusses zu begegnen. Und spannende Geschichten wissen sie von nun an jeden Abend zu erzählen! Erst als ein großer Regen das Wasser wieder ansteigen lässt und den Treffen damit ein Ende setzt, erfahren die Eltern von dem Geheimnis - und fangen an nachzudenken. Schließlich haben sie die Idee, aus den übrig gebliebenen Steinen eine Brücke zu bauen, so rund wie der Bogen, den die Sonne am Himmel beschreibt.

Bausteine der Begegnung

Eine Friedensgeschichte, die an „Schwerter zu Pflugscharen“ denken lässt: Steine, von den Erwachsenen zuvor als Waffen gegeneinander gerichtet, werden von den Kindern als „Bausteine der Begegnung“ genutzt. Am Ende erweist sich das gemeinsame „Brücken bauen“ als guter Weg, einander kennen zu lernen, versöhnlich dem Lauf der Sonne zu folgen und sich gegenseitig mit neuen Erfahrungen und Geschichten zu bereichern.

Spielen & Gestalten

Bewegungsspiel mit Lied

Material und Spielanleitung:

Zeitungspapier wird so in Form gerissen, dass vier Blätter in Größe und Kontur von großen Steinen entstehen (man sollte mit beiden Füßen gerade auf so einem „Stein" stehen können). Der Fluss, den es damit zu überqueren gilt, ist mehrere Meter breit (z.B. von einer Raumseite zur nächsten). Die Kinder verteilen sich auf zwei Gruppen, die sich als Reihen gegenüberstehen und jeweils eine „Uferlinie" bilden. Die beiden Kinder, die jeweils das linke Ende ihrer Gruppenreihe bilden (sie stehen sich also nicht direkt sondern in der Diagonale des Raumes gegenüber) fangen an: Sie erhalten beide je zwei der aus Zeitung gerissenen „Steine" und müssen damit so schnell wie möglich das andere Ufer des Flusses erreichen, ohne dabei nasse Füße zu bekommen. Sie stellen sich also auf einen Stein, halten den zweiten Stein in der Hand und legen diesen mit dem gemeinsamen Startsignal in Schrittentfernung vor sich auf den Boden. Dann hüpfen sie blitzschnell auf diesen Stein, heben hinter sich den soeben verlassenen Stein auf und legen diesen nun vor sich hin, um den nächsten Schritt zu tun: umdrehen, aufheben, nach vorn legen, Schritt, umdrehen, aufheben, nach vorn legen, Schritt... Wer ist zuerst am anderen Ufer? Der Sieger bekommt einen echten Stein überreicht, die Papiersteine werden an das folgende Spielpaar weitergegeben und ein neuer Wettlauf beginnt, bis alle Kinder der Reihe nach dran gewesen sind. Die Gruppe, in der die meisten Steine gesammelt werden konnten, hat gewonnen - aber am Ende sind alle Steine wichtig: Zum Abschluss wird versucht, aus den gewonnenen Steinen beider Gruppen eine gemeinsame Brücke zwischen den Flussufern zu legen. Dazu müssen sich die Gruppen soweit aufeinander zu bewegen (d.h. den Fluss in seiner Breite verändern), bis die aufgereihten Steine an beiden Ufern Anschluss finden.
Die Flussüberquerung mit nur zwei (Papier-)Steinen kann auch von einem Lied begleitet werden, das mit seinem Text den Bewegungsablauf beschreibt (Brückenlied). Je schneller es gesungen wird, desto schneller geht's voran. Dabei muss nicht unbedingt der Wettlauf im Vordergrund stehen, sondern vor allem der Spaß an Bewegung zur Musik (Lied siehe Seite 10).

Eine Flüsterbrücke bauen

Sprachspiel: Wie kann eine Nachricht über den Fluss wandern? Natürlich über eine Brücke! Etwa 8 bis 10 Kinder werden in diesem Spiel zu einer solchen „Nachrichtenbrücke“, indem sie eine Stuhlreihe bilden. Ein schwierig auszusprechendes Wort (vielleicht sogar aus der Sprache eines anderen Landes?) wird nun von dem Kind an einem Ende der Reihe auf die Reise geschickt. Geflüstert wandert es von einem Ohr zum anderen, bis es bei dem Kind am anderen Ende der Reihe angekommen ist. Hat die Brücke gehalten? Hat das Wort unversehrt sein Ziel erreicht?

Eine Menschenbrücke bauen

Bewegungsspiel: Dies Spiel lässt sich besonders gut im Freien spielen.
Zuvor wird überlegt und vielleicht auf einer Landkarte gesucht und abgemessen, von wo nach wo die Brücke führen soll.
Vielleicht bietet sich als imaginäres Ziel ein Partnerschaftsprojekt des Kindergartens, der Stadt oder der Kirchengemeinde an. Wie weit etwa ist dieser Projektstandort ungefähr vom Kindergarten entfernt? Die entsprechende Orts- und Kilometerangabe kann dann in das Spiel mit einfließen.
Eine Gruppe der Kinder steht dabei auf der einen Seite des Geländes, während ihnen ein einzelnes Kind in einiger Entfernung gegenüber steht.

Die Gruppe ruft z.B.: Rumänien, Rumänien, wie weit bist du weg?
Das Kind antwortet: Mehr als 2000 km!
Die Gruppe fragt: Wie kommen wir dahin?
Das Kind antwortet: Mit einer Menschenbrücke

Je zwei Kinder bilden nun jeweils einen Brückenpfeiler. Sie reichen sich die Hände und halten ihre Arme hoch. Die nächsten beiden Kinder laufen nacheinander hindurch, stellen sich hinter die ersten und bilden einen weiteren Brückenpfeiler. Dann läuft das dritte Paar durch beide Pfeiler, stellt sich an und streckt die Arme hoch. Bilden alle Paare Brückenpfeiler, ist nun das erste Paar wieder an der Reihe. Es läuft durch die ganze Brücke, bis es sich am Ende anschließt. Und so weiter. Das Spiel geht so lange, bis das genannte Ziel erreicht ist.

„Brücken-Sätze" bauen

Sprachspiel für Vorschulkinder:

Zwei frei gewählte oder ausgeloste Begriffe bilden die Pfeiler eines dazwischen mündlich zu bauenden Satzes. Heißen die Begriffe z.B. „Wind" und „Boot", so könnte der Satz lauten: „Wind kam auf und rüttelte an dem Boot". Es geht auch schwerer! Aus einer Reihe von Brücken kann eine ganze Geschichte entstehen!

Brückenlied

Text und Melodie: Susanne Brandt

Helme Heine

Freunde

Erzählen & Entdecken

Franz von Hahn, Johnny Mauser und der dicke Waldemar sind zwar sehr verschieden, aber dennoch unzertrennlich. Jeden Morgen brechen sie zusammen auf zu neuen Abenteuern: mit Fahrradfahren und Paddeltouren, Angeln und Kirschen essen verbringen sie ihre Sommertage. Nur auf der Suche nach einem gemeinsamen Schlafplatz können sie sich nicht recht einig werden. Doch halb so schlimm - im Traum ist manches möglich.

Die Geschichte dieses Bilderbuch-Klassikers ist schnell erzählt. Die Beschreibung eines Tagesverlaufes vom Morgen bis zum Abend hat keine spektakulären Höhepunkte - doch sie fasziniert durch ihren feinen Humor, der das Miteinander der drei so verschiedenen Freunde prägt.

Individualität und Solidarität

Dick zu sein wie Waldemar, klein wie Johnny Mauser und flatterhaft wie Franz von Hahn erweist sich immer wieder als äußerst hilfreich, wenn es darum geht, die unterschiedlichen Stärken für gemeinsame Unternehmungen fantasievoll zu nutzen. Individualität und Solidarität scheinen sich hier in geradezu idealer Weise zu ergänzen. Dass Freundschaft nicht heißen muss, alles miteinander zu teilen. Dass Träume und Fantasien eine Verbundenheit über alles Trennende hinweg schaffen können - das ist am Ende „die Moral von der Geschicht“. So unaufdringlich und voller Witz erzählt, lassen sich leicht Bezüge zu ähnlichen Erfahrungen im Leben der Kinder herstellen und spielerisch ausgestalten.

Spielen & Gestalten

„Freunde"-Spielekette

In vielen Szenen des Buches stecken Impulse für Gruppenspiele, bei denen das Thema „Individualität und Solidarität" mitschwingt. Hier einige Beispiele:

Weckerspiel

Die drei Hauptfiguren der Geschichte kennen ganz unterschiedliche Arten, die Tiere auf dem Bauernhof zu wecken: Franz von Hahn kräht, Waldmar bläst in die Tröte und Johnny Mauser schwingt ein Hämmerchen gegen die Milchkanne. Nach dem Muster der bekannten „Platzwechselspiele" kann dies in einer akustischen Variante aufgegriffen werden. Dabei sitzen die Kinder im Stuhlkreis und ordnen sich in etwa gleichgroßen Gruppen verschiedenen „Wecklauten" zu, die vorgegeben oder von der Gruppe selbst erfunden werden können (z.B. Händeklatschen, Krähen, Trampeln, Pfeifen). Ein Kind hat keinen Platz, steht in der Mitte und gibt eines der verabredeten „Wecklaute" in die Runde. Alle, die diesen Laut für sich gewählt haben, wechseln daraufhin flink die Plätze, und auch das Kind aus der Mitte hat nun die Chance, einen freigewordenen Stuhl zu ergattern. Wer am Ende ohne Sitzgelegenheit dasteht, ruft zur nächsten Runde.

Obsternte

So wie die drei Freunde im Buch ihre verschiedenen Fähigkeiten zu nutzen wissen, um ein leckeres Kirschenessen zu veranstalten, können auch in der Kindergruppe die Aufgaben beim Ernten, Zubereiten und gemeinsamen Essen je nach Neigung verteilt werden: einige Kinder helfen beim Pflücken, andere sind für das Waschen, Schneiden und Entkernen zuständig, eine weitere Gruppe deckt einen festlichen Tisch oder erledigt, je nach Bedarf, weitere Küchenarbeiten. Beim Essen wird schließlich gut miteinander geteilt.

Schattenbilder malen

Die Abendsonne malt Schattenbilder von den Freunden. Mit einer künstlichen Lichtquelle (Strahler, Schreibtischlampe o.ä.) im abgedunkelten Raum können die Kinder auch voneinander solche Schattenbilder anfertigen. Sie können dabei entdecken, wie jedes Profil seine einmalige und unverwechselbare Form trägt. Die Kinder setzen sich jeweils seitlich vor eine Wand, an der ein großer Bogen festes Papier glatt aufgehängt ist. Im Schein der Lichtquelle fällt der Schatten des Kopfes im Profil auf diesen Bogen und kann dort von einem anderen Kind als Umriss nachgezeichnet und ausgeschnitten werden. Aufgeklebt auf ein kontrastfarbenes Hintergrundpapier, kommen die jeweiligen Merkmale eines Profils gut zur Geltung.

Der Fantasie, weitere Gruppenspiele und -aktionen aus dem Buch zu entwickeln, sind keine Grenzen gesetzt!

Kathrin Schärer

Wenn Fuchs und Hase sich Gute Nacht sagen

Erzählen & Entdecken

An einem Ort, wo Fuchs und Hase sich Gute Nacht sagen, sind eigentlich keine spektakulären Ereignisse zu erwarten. Wenn sich dort aber tatsächlich Fuchs und Hase im Dämmerlicht des Abends begegnen - und wenn der Fuchs dem kleinen Hasen am Ende ein Schlaflied singt anstatt ihn als Beute zu verspeisen, so muss da doch einiges passiert sein. Und das ist es auch! Denn während der Fuchs sich unverhohlen das Maul leckt und nur darauf lauert, das Häschen zu verschlingen und seine ganze Familie am liebsten gleich dazu, beweist sein vermeindliches Opfer wahre Hasenklugheit und versteht es, den gierigen Fuchs mit immer raffinierteren „Gute-Nacht-Ritualen" abzulenken: Erst muss der Fuchs sich eine Gute-Nacht-Geschichte ausdenken, dann soll er den Hasen ins Bett bringen, dann natürlich noch ein Gute-Nacht-Lied singen - und dabei schläft der bereits ziemlich erschöpfte Fuchs nun selbst ein und lässt sich widerstandslos von der Hasenfamilie aus dem Bau schleppen. Die verschließen am Ende sicherheitshalber fest die Tür - man kann ja nie wissen.

Wie begegne ich denen, die mir gefährlich werden können? Das Bilderbuch hilft, auf diese brisante Frage eine durchaus differenzierte Antwort zu finden. Denn einerseits wird die reale Gefahr, die von dem Fuchs ausgeht, nicht verharmlost. Andererseits wird aber auch nicht zum „Präventivschlag" ausgeholt, sondern dem Fuchs eine ebenso reale Chance gegeben, sich zur Friedfertigkeit zu bekehren. Als nämlich der besorgte Hasenpapa schon abwehrend das Nudelholz gegen den Fuchs erhebt, hält ihn das Hasenkind zurück. Schließlich soll man dem Ort, wo Fuchs und Hase sich Gute Nacht sagen, immer die Möglichkeit eines friedlichen Miteinanders zutrauen und das rechtfertigt weder auf der einen noch auf der anderen Seite Gewalt.

Möglichkeit eines friedlichen Miteinanders

So gedeutet, klingt die Botschaft geradezu weltpolitisch hochaktuell. Dabei wendet sich das Bilderbuch mit seiner klaren

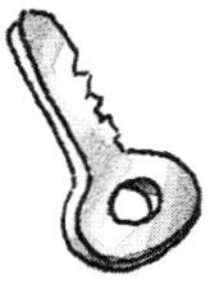

Bildersprache und der von einprägsamen Wiederholungen getragenen Handlung durchaus an Kinder im jüngsten Bilderbuchalter. Diese erfahren: Es gibt Gefahren, denen man besser mit Vorsicht anstatt mit blindem Vertrauen begegnet. Aber es gibt ebenso die Erkenntnis, dass das vermeindlich Böse nicht durch und durch böse sein muss, dass drohende Gewalt nicht mit Gegengewalt vermieden, sondern davon vielleicht erst ausgelöst wird.
Und ein bisschen Scheherezade schwingt dabei auch mit. Denn so, wie im orientalischen Märchen ein endloser Erzählfluss vor dem drohenden Tod bewahrt, so verhindern Gute-Nacht-Geschichte und -Lied hier, dass der Fuchs seine geheimen Fressgelüste in die böse Tat umsetzen kann.
Eine Geschichte, die friedlich stimmt – am Abend vor dem Einschlafen und über die Nacht hinaus.

Spielen & Gestalten

Kopfkissen-Geschichte erfinden

Erzählspiel:

Solange der Fuchs erzählt, kann er nichts Böses anrichten, denkt sich der Hase. Aber wehe, wenn die Geschichte zu Ende ist.
Auch im Stuhlkreis kann versucht werden, eine Endlosgeschichte mit viel Fantasie immer weiter zu spinnen. Ein kleines Kopfkissen, das an die abendliche „Gute-Nacht-Szenerie" des Bilderbuches erinnert, hilft dabei und wird zuvor als „Geschichten-Kissen" extra präpariert. Denn im Innern des mit Knöpfen oder Reißverschluss verschlossenen Kissenbezuges befinden sich neben einer weichen Füllung noch einige Dinge mehr, die dem Erzählfluss ein bisschen auf die Sprünge helfen können: kleine Tierchen, Bilder und Gegenstände aus dem vertrauten Spiel- und Alltagsmaterial der Kinder (in den Räumen des Kindergartens bunt gemischt hier und da einzusammeln), die alle in die Geschichte eingebaut werden können.
Die Erzieherin leitet schießlich wie folgt oder auch ganz anders die Erzählrunde ein:
„Der Hase krabbelte in sein Bett und der Fuchs machte es sich neben ihm auf dem Kissen bequem. Er horchte eine Weile in das Kissen hinein und fing dann an zu erzählen: Kennst du die

Geschichte von dem Fuchskind, das sich in der Stadt verlaufen hatte? Es war an dem Abend, als der kleine Fuchs nicht wie gewohnt bei Dunkelheit in den Bau zurückgekehrt war…“
Hier bricht die Erzählerin ab und wirft das Kissen einem Kind im Kreis zu. Dieses versucht nun, die Geschichte mit einigen Sätzen weiter zu erzählen und bestimmt dann wiederum per Kissenwurf ein anderes Kind, das den begonnenen Handlungsverlauf weiterspinnt. Fällt einem Kind mal nichts dazu ein, darf es in die Kissenhülle greifen und einen der dort verborgenen Gegenstände als „Impulsgeber“ hervorholen. Lässt sich das Fundstück irgendwie als Stichwort in die Geschichte einbauen? Ergibt sich so vielleicht eine überraschende Wende? Nach einer gewissen Zeit ist es auch erlaubt, die Geschichte abzuschließen – nach Möglichkeit mit einem passenden Erzählschluss wie zum Beispiel diesem:
„Die Stimme des Fuchses wurde immer leiser ... plötzlich war er eingeschlafen und das Häschen machte sich schnell davon.“

Bewegungsspiel „Häschen, pass auf!“

Solange der Fuchs seine Schlaflieder singt, hat das Häschen nichts zu befürchten. Verstummt der Gesang aber, so sollte das Häschen sich flink nach einem sicheren Platz umsehen.
Auch diese kleine Szene aus dem Bilderbuch, lässt sich als Spielimpuls aufgreifen:
Nach dem bekannten Prinzip der „Reise nach Jerusalem“ werden Stühle Rückenlehne an Rückenlehne als Doppelreihe aufgestellt, und zwar genau einer weniger, als Kinder beim Spiel mitmachen. Die Kinder wandern nun zu einer Musik vom Tonträger (passend wären in diesem Fall natürlich vor allem Schlaflieder!) um die Stühle herum. Plötzlich verstummt der Gesang

und die Kinder versuchen schnell, einen der Stühle als sicheren Platz zu besetzen. Wer am Ende keinen Stuhl abbekommt, scheidet aus. Damit wird nun ein weiterer Stuhl aus dem Spiel genommen, das nun in eine neue Runde geht. Am Ende rennen zwei Häschen um den letzten noch verbliebenen Stuhl. Wer diesen ergattert, hat gewonnen.

Schlaflied zum Mitdichten und -singen

Die zarte Hoffnung der Geschichte, dass Frieden zwischen Fuchs und Hase – wie zwischen anderen Wesen – zumindest für eine Weile möglich ist, lässt sich mit einem Gute-Nacht-Lied zum Ausdruck bringen. Dabei werden die Kinder nicht nur zum Mitsingen eingeladen, sie erhalten auch Gelegenheit, durch eigene Ideen an der Textgestaltung der einzelnen Strophen mitzuwirken. Dabei gilt es, verschiedene Tierpaare zu nennen, bei denen eine Art die andere „eigentlich" auffressen könnte – aber wer weiß, was am Ort, wo Fuchs und Hase sich Gute Nacht sagen so alles passiert...

Wo am Abend Fuchs und Hase ...

Text: Susanne Brandt, Melodie: trad. 18. Jhd.
Nach dem Abendlied „Weißt du, wie viel Sternlein stehen"

Weitere Textbeispiele:

Wo am Abend Fuchs und Hase
sich sagen „Gute Nacht“,
da wird vielleicht, wenn’s dunkel ist,
gefeiert und gelacht.
Da nicken sich unterm Sternenzelt
Frosch und Fliege freundlich zu,
da wachsen gute Träume,
so schlafe nun auch du.

Wo am Abend Fuchs und Hase
sich sagen „Gute Nacht“,
da wird vielleicht, wenn’s dunkel ist,
gefeiert und gelacht.
Da nicken sich unterm Sternenzelt
Maus und Katze freundlich zu,
da wachsen gute Träume,
so schlafe nun auch du.

Karen Holländer:

Winzig groß und riesig klein

Erzählen & Entdecken

„Der Elefant posaunt: Hallo! Ich grüße dich, du kleiner Floh", reimt es sich leicht zu dem ersten doppelseitigen Bild des Buches. Und in Versen geht es munter weiter: Da trifft das Meerschweinchen eine Kuh, ein Schwein, eine Katze – bis es mit einer schönen Meerschweinchendame endlich einen Dialog auf Augenhöhe führen kann. Danach kehren sich dann die Verhältnisse um: Denn für die Maus ist das Meerschweinchen ein ziemlich fetter Brocken, das Küken findet bequem auf seinem Rücken Platz und der Floh schafft es gerade noch, den Meerschweinchen-Po wie einen riesigen Berg zu erklimmen, um ihn ein bisschen zu zwicken. Schwer zu sagen also, ob ein Meerschweinchen nun groß oder klein ist. Schon die Allerjüngsten werden an diesem Buch ihre Freude haben. Jede Doppelseite steht für sich mit Reim und Bild, das Szene für Szene nicht nur die Tiere beim Größenvergleich zeigt, sondern mit kleinen raffinierten Details überrascht. So löst das auf allen Seiten in unterschiedlichsten Zusammenhängen zu entdeckende gelbe Maßband gewiss einen freudigen Wiedererkennungseffekt aus: Mal schmückt es den Hals der Kuh, dort spielt die Katze damit und dann wieder wird es zur Treppe, auf der sich das Meerschweinchenpaar näher kommt.

Alles ist relativ

Alles ist relativ – so ließe sich die Erkenntnis dieses Buches zusammenfassen. Und die damit geweckte Lust am Schauen und Vergleichen lenkt die Aufmerksamkeit nicht allein auf die bunten Seiten, sondern auf alles, was es ringsherum zu entdecken gibt.

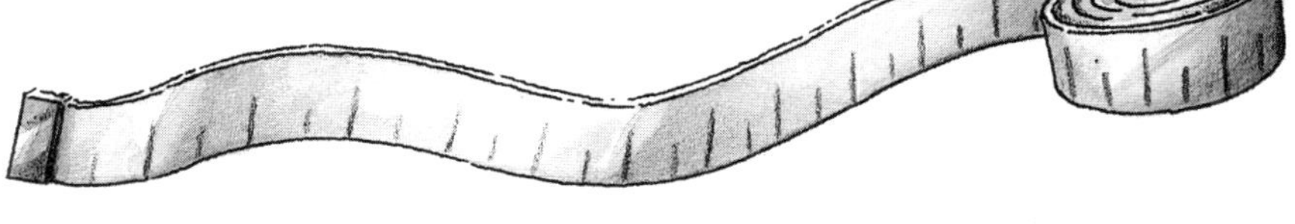

Spielen & Gestalten

Bewegungsspiel „Wie die Orgelpfeifen“

Eine Kindergartengruppe teilt sich in zwei gleich große Gruppen mit je etwa 10 bis 15 Kindern. Dabei machen gut sichtbare Zeichen nach außen hin deutlich, (z. B. Wollfaden mit vereinbarter „Gruppenfarbe“ am Handgelenk, Wäscheklammer mit Farbe oder Zahl an den Ärmel gesteckt, Kreppklebeband mit Farbe oder Zahl auf die Kleidung geklebt o.ä.) welches Kind zu welcher Gruppe gehört. Zu einer beliebigen Musik tanzen nun alle bunt gemischt durch den Raum. Stoppt die Musik, so müssen die Kinder, die als Gruppe zusammen gehören (dabei helfen die entsprechenden Erkennungszeichen), möglichst schnell zueinander finden und sich „wie die Orgelpfeifen“, also der Größe nach geordnet, in einer Reihen aufstellen. Fast jedes Kind kann dabei bemerken (wenn es nicht gerade selbst am Anfang oder Ende der Reihe steht), dass es zwischen einem Kind steht, das größer ist und einem anderen, das kleiner ist als es selbst. Fast jedes Kind erlebt sich dabei also selbst zugleich als größer und kleiner im Vergleich zu anderen Kindern. Die Gruppe, der es am schnellsten gelingt, sich entsprechend geordnet aufzustellen, hat gewonnen.

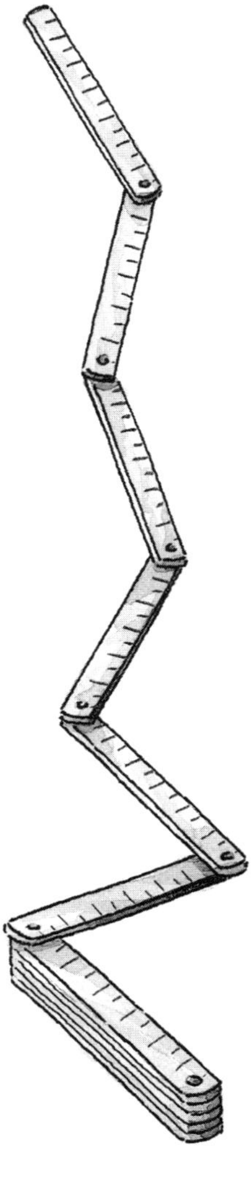

Spiele mit Zollstock und Maßband

Mit Zollstock und Maßband lassen sich - ähnlich wie im Bilderbuch gezeigt - ganz verschiedene Bilder und Formen legen. Dabei ermöglicht der Zollstock die Darstellung von eckigen Figuren, während sich das Maßband eher für das Legen von runden und gewellten Formen eignet. Beide lassen sich mit ihren verschiedenen Eigenschaften in einem gemeinsamen Bild auch gut kombinieren. Einzelne Kinder versuchen nun, mit Zollstock und Maßband auf dem Boden die Umrisse einer Figur oder eines Bildes zu legen. Die anderen raten, was die gelegte Form wohl darstellen soll.

Groß oder klein?

Text: Susanne Brandt, Melodie: nach dem Kinderlied „Häschen in der Grube"

(mit kleinen rhythmischen Abweichungen zu singen nach der bekannten Kinderliedmelodie „Häschen in der Grube")

Weiteres Textbeispiel:

Ist der *Hamster Willi* groß oder klein?
Weil der Hase größer ist, doch die *Schnecke* kleiner,
weiß das wohl ganz genau – keiner!

Die Kinder bilden nach diesem Beispiel weitere Strophen. Dabei gilt es, pro Strophe drei Tierarten von unterschiedlicher Größe zu benennen: Der Name des Tieres, um das sich die Frage jeweils dreht, wird mit einem frei erdachten Rufnamen passend zur Silbenzahl kombiniert (z. B. auch „Katze Minna" o. ä.). Dann wird ein Tier genannt, das größer ist und eines das kleiner ist – und schon ist eine neue Strophe fertig. Bei kleineren Kindern kann als Hilfestellung das erste Tier mit Namen auch vorgegeben werden. Gesucht ist dazu dann nur jeweils eine Tierart, die größer bzw. kleiner ist.
Das gemeinsame Singen lässt sich auch mit passenden Bewegungen begleiten: Bei den Wörtern „groß/größer" recken sich die Kinder in die Höhe, bei „klein/kleiner" gehen sie schnell in die Knie.

Katja Gehrmann

Nelson, der Käpt'n und ich

Erzählen & Entdecken

Der Hund und der Käpt'n hatten an Bord ihres Schiffes eigentlich ein gutes Leben miteinander. Sie waren ein eingespieltes Team und konnten sich bei jeder Seereise und in jeder Gefahr aufeinander verlassen - bis der Kater kam. Den fischten sie eines Tages als Schiffbrüchigen aus den hohen Wellen und seitdem war es vorbei mit der gemütlichen Zweisamkeit. Denn Kater Nelson tischte ihnen reichlich unbescheiden eine Abenteuergeschichte nach der anderen auf und putzte dabei gleichzeitig sämtliche Fischvorräte vom Teller. Immerhin wollte er sich auf dem Schiff als Rattenfänger nützlich machen, aber für den Hund stand fest: Dieser Angeber nervt! Bald hatte er sich die besten Plätze an Bord erobert und spielte sich gar als Käpt'n auf.

Eines Nachts, als der ungebetene Gast schon an seinem Lieblingsschlafplatz, einem Rettungsboot, in tiefen Träumen vor sich hin schnurrte, kam dem Hund ein düsterer Gedanke in den Sinn: Immerhin hatte er die größte Schwäche des stolzen Katers längst durchschaut. Der konnte nämlich nicht schwimmen. Würde er nun also die Halteseile einfach durchbeißen und das Rettungsboot mit dem schlafenden Kater ins Meer gleiten lassen, so hätte der Störenfried wohl kaum eine Chance, sich allein aus dem Wasser zu retten. Und dann könnte an Bord bald wieder alles so sein, wie früher....

Gedacht - getan: Das Seil löste sich schnell unter den scharfen Hundezähnen, doch mit einem plötzlichen Ruck rutschte nicht nur das Boot mit dem Kater in die Wellen, sondern der Hund gleich hinterher. Der fing wild an zu paddeln und spürte im selben Moment, wie sich der Kater in Todesangst an sein Fell klammerte. Gemeinsam erreichten sie das Schiff, wo der Käpt'n ihnen schon den Rettungsring reichte. Dieser hatte angesichts des durchgebissenen Seils nun die Ratten in Verdacht, strich dem Kater sämtliche Fische von der Speisekarte und hoffte, dass sein Hunger so den Jagdtrieb steigern könnte. Der Hund aber - der allein wusste, dass er selbst das Unglück verursacht

hatte – war nun auch noch schuld daran, dass der Kater sich seine Nahrung mühevoll selbst suchen musste.
Als der Kater eines Nachts beim Angeln – denn er ließ keine Möglichkeit ungenutzt, um an Nahrung zu kommen – erneut ins Wasser fiel, hatte der Hund keine Schuld daran. Stattdessen hatte er plötzlich das tiefe Bedürfnis, den Kater zu retten, sprang in die tosende See und zog den Kater zurück an Bord. Und dort leben sie noch heute miteinander: der Hund, der Kater und der Käpt'n. Und inzwischen finden sie das alle richtig gut so!

Höhen und Tiefen des Zusammenlebens

Mit wenigen Worten und kraftvollen Bildern erzählt Katja Gehrmann eine facettenreiche Geschichte vom „Wellengang", der das Zusammenleben in so manche Höhen und Tiefen treiben kann. Denn was Kater und Hund dort miteinander durchstehen, wird den Kindern in mancher Hinsicht nicht fremd sein: Da gibt es andere Kinder in der Gruppe, die man nicht mag, die störend eindringen in eine Gemeinschaft, die man am liebsten wieder los werden möchte und denen man in den geheimsten Gedanken nicht nur Gutes wünscht.
Ebenso kennen Kinder nagende Schuldgefühle, das quälende Gefühl, mitzuerleben, wie andere vielleicht ganz zu Unrecht etwas ausbaden müssen, nur weil man selbst nicht den Mut hat, sich zu seinen eigenen Fehlern oder Irrtümern zu bekennen.
Wie gut, wenn irgendwann eine Chance erkannt und ergriffen wird, die aus solchen belastenden Verstrickungen heraus führt und einen Neuanfang möglich macht.
Dem Bilderbuch gelingt das glückliche Kunststück, diese eigentlich zutiefst moralische Botschaft nicht moralisierend zu vermitteln. Der Ton ist durchgehend von einer eher „seemännischen" Nüchternheit geprägt. Es kommt weder zu einem reumütigen Schuldbekenntnis noch zu einer rührenden Versöhnungsszene, die alle Brüche und alles Unausgesprochene am Ende glättet und harmonisiert. Die Dinge passieren und werden geschildert wie sie eben passieren – ohne Wertung, ohne moralischen Zeigefinger, ohne Parteinahme für die eine oder andere Seite, immer mit einer Prise Ahnung in der Schwebe: Wer weiß vielleicht mehr, als er zugeben mag? Wer denkt wie über wen? Wie im richtigen Leben finden nicht alle Fragen eine eindeutige Auflösung. Gerade in dieser ungeschönten Authentizität vermag das Buch die Kinder sehr ehrlich und überzeugend anzusprechen. Es lässt sie teilhaben an den quälenden wie den erlösenden Erfahrungen, zwingt ihnen keine vorgegebenen Be-

urteilungen oder Gefühle auf, bewahrt sich bei allem Ernst dennoch einen vielleicht etwas spröden Humor. Und am Ende wird spürbar: Es gibt Versöhnung. Ein Neuanfang ist möglich - auch und gerade dann, wenn nicht alle Brüche zu flicken sind und manches Unausgesprochen bleibt. Das macht die Geschichte so tröstlich und ermutigend.

Spielen & Gestalten

Die Geschichte mit Boot und Figuren nachspielen

Vermutlich haben sich auf dem Schiff noch weit mehr Szenen abgespielt, als das Buch verrät. Und die Reise geht weiter...
Was Hund, Kater und Käpt'n auf dem weiten Meer alles miteinander erleben, kann frei nach der Fantasie der Kinder im Figurenspiel lebendig werden. Auch so manche Möglichkeit oder Schwierigkeit der Konfliktlösung lässt sich dabei spielerisch thematisieren und zum Ausdruck bringen.

Material: Das nötige Schiff wird aus einem festen Papierbogen (etwa DIN-A3-Format) gefaltet oder aber aus alten Schachteln und diversen Utensilien, die sich in jedem Haushalt oder in der Natur zusammensuchen lassen (Strohhalm, Draht, Stoffreste, Stöckchen, Papprolle etc.), gebastelt. Zur Herstellung der Figuren bietet sich besonders Knetmasse an, weil die Akteure damit immer wieder in neue Haltungen und Positionen gebracht werden können. Schließlich geht es auf einem Schiff stets recht bewegt zu!

Anleitung für ein Faltschiff:

1. Von einem senkrecht liegenden Papier die obere Hälfte auf die untere falten.

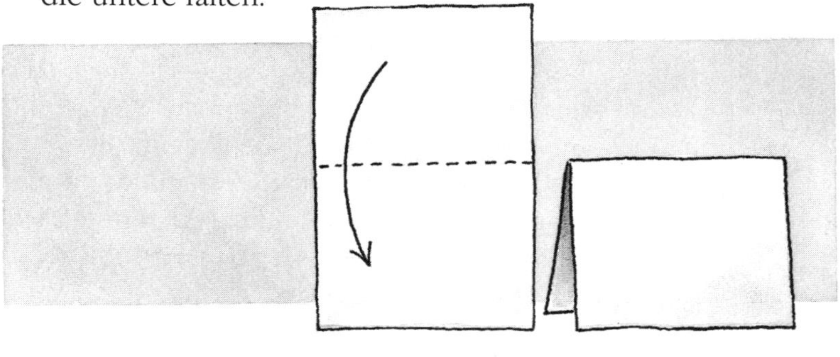

2. Von der oberen geschlossenen Kante aus rechte und linke Ecke zur Mittellinie klappen.

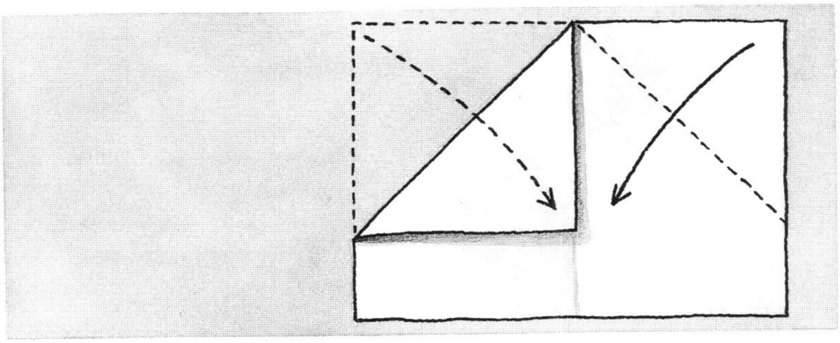

3. Die beiden hervorstehenden Streifen an der unteren offenen Seite auf der Vor- wie auf der Rückseite jeweils über die Dreiecke nach oben klappen und die Ecken jeweils zur anderen Seite umknicken.

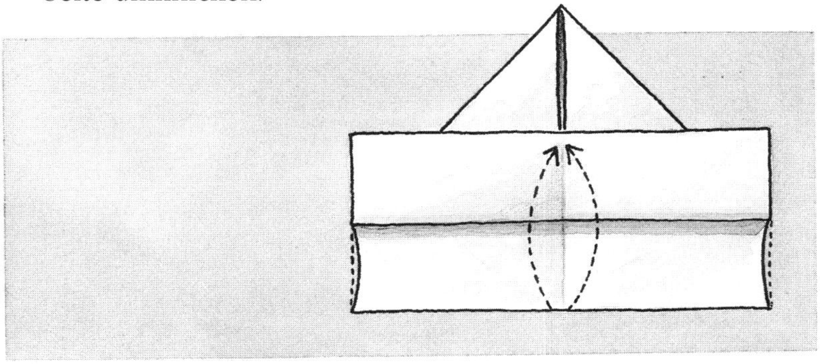

4. Von unten in die Öffnung hinein greifen und die Dreiecksform leicht auseinander drücken (Papierhut!), die beiden unteren „Hutspitzen“ aufeinander legen, so dass sich die Form in der anderen Richtung wieder schließt. Das somit auf der Spitze stehende Quadrat glatt streichen.

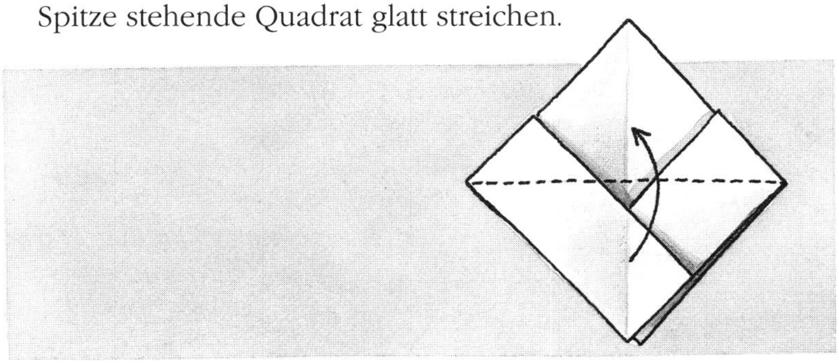

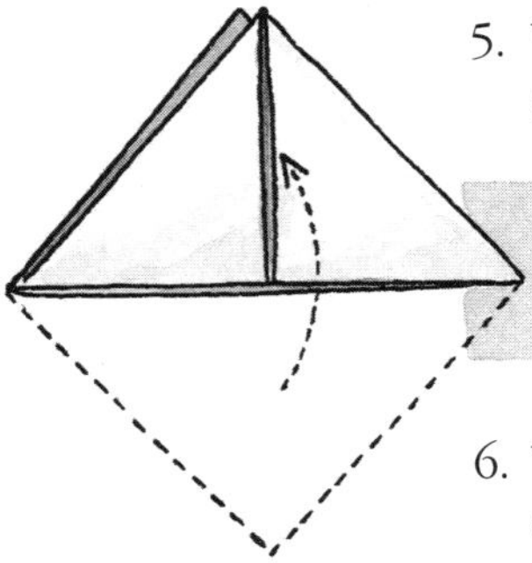

5. Von beiden Seiten die Spitzen von unten nach oben klappen, so dass wieder ein Dreieck entsteht.

6. Von unten hinein greifen und die Form soweit auseinander drücken, dass die Mittelspitze zum Vorschein kommt und das Schiff vorsichtig an der rechten und linken Spitze zur endgültigen Gestalt lang auseinander gezogen werden kann.

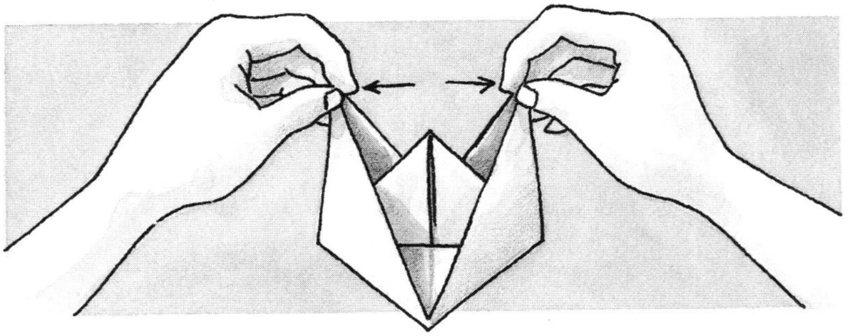

7. Bei aufgestellter Öffnung an der Unterseite kann das Schiff beliebig auf der Spielfläche platziert werden und auch auf Wasser schwimmen.

Hund und Kater auf hoher See

Das Lied nimmt den roten Faden der Geschichte nochmals auf und lädt durch eingängige Textwiederholungen und eine bekannte Volksmelodie zum spontanen Mitsingen ein.
Vielleicht findet sich sogar jemand, der die Melodie ganz „maritim“ mit dem Akkordeon begleiten kann. Und ein bisschen Schunkeln ist natürlich auch erlaubt!

Ein Hund und ein Kater auf Reisen

Text: Susanne Brandt,
Melodie: trad. nach dem Englischen „My Bonnie is over the ocean“

2. Der Kater, der sagte wo's lang geht,
der sagte wo's lang geht - oh je,
der Kater, der sagte wo's lang geht,
als wär' er der Käpt'n auf See.
He jo, he jo - als wär' er der Käpt'n auf See, auf See...

3. Da wurde der Hund ziemlich grimmig,
da wurde er grimmig - oh je,
da wurde der Hund ziemlich grimmig,
wär gern ohne Kater auf See.
He jo, he jo - wär gern ohne Kater auf See, auf See...

4. Doch plötzlich passierte ein Unglück,
ein Unglück passierte - oh je!
Dem Kater passierte das Unglück,
er fiel in die tosende See.
He jo, he jo - er fiel in die tosende See, die See...

5. Der Kater, der konnte nicht schwimmen,
er konnte nicht schwimmen - oh je
Der Kater, der konnte nicht schwimmen,
versank in der tosenden See.
He jo, he jo - versank in der tosenden See, der See...

6. Was gab's für den Hund da zu tuen?
Was gab's da zu tuen - oh je?
Was gab's für den Hund da zu tuen?
Schon paddelte er in der See!
He jo, he jo - schon paddelte er in der See, der See...

7. So wurde der Kater gerettet,
er wurde gerettet - oh je,
so wurde der Kater gerettet
vom Hund aus der tosenden See.
He jo, he jo - gerettet aus tosender See, der See...

8. Seitdem sind die zwei dicke Freunde,
der Hund und der Kater - oh je.
Seitdem sind die zwei dicke Freunde,
fahr'n heut noch gemeinsam zur See.
He jo, he jo - fahr'n heut noch gemeinsam zur See, zur See...

Karin Jeromin · Rüdiger Pfeffer

Biblische Gute-Nacht-Geschichten

Erzählen & Entdecken

Abraham zögert und vertraut am Ende doch auf Gottes Zusage. Elija ist müde und mutlos, da tritt ein Engel stärkend an seine Seite. Die Fischer mögen schon nicht mehr an einen großen Fang glauben, doch Jesus ermuntert sie dazu, gegen alle Zweifel die Netze noch einmal auszuwerfen.
Die ausgewählten biblischen Geschichten, die in diesem Bilderbuch erzählt werden, greifen Herausforderungen auf, denen Kinder täglich begegnen: Angst und innere Unruhe, nagende Fragen und nicht gelöste Konflikte drängen sich vor allem abends bei Dunkelheit auf. Durch die Bilder, Geschichten und passend dazu formulierten Gebete dieses Gute-Nacht-Buches erfahren die Kinder aber zugleich auch etwas anderes: Gott hört mir zu und spricht mit mir. Er liebt mich so wie ich bin und macht mir Mut, wenn ich nicht weiter weiß.

Wie zum Beispiel in der Geschichte mit dem verlorenen Schaf: Da beschweren sich einige fromme Menschen darüber, dass Jesus sich auch mit den Verachteten und Ausgestoßenen an einen Tisch setzt und hören als Antwort ein Gleichnis von Jesus. Von einer großen Schafherde wird erzählt, aus der an einem Abend plötzlich eines der Schafe verschwunden ist. Groß ist die Sorge des Hirten. Denn viele Gefahren bedrohen das verirrte Tier allein in freier Natur. Sogleich lässt der Hirte die neunundneunzig Schafe im Stall zurück, um das eine zu suchen. Am Ende findet er den Ausreißer und trägt es froh und erleichtert nach Hause.

So ist Gott, möchte Jesus den frommen Israeliten damit sagen: Wie ein guter Hirte will er nicht, dass jemand verloren geht. Menschen haben die Freiheit, manche Wege auszuprobieren. Wir gehen auf Entdeckungsreise und verlieren dabei mitunter die Orientierung. Wir lernen unsere Fähigkeiten kennen, erleben Erfolge, aber können auch scheitern. Wir entscheiden uns mal richtig und mal falsch, tun manchmal Gutes und manchmal auch Dinge, die uns später Leid tun. Gott aber bleibt ein Gott, der da ist, wenn wir nach ihm fragen. Denen, die sich verrannt

haben, kann er helfen, wieder Fuß zu fassen und in die Gemeinschaft von liebenden und helfenden Menschen zurückzufinden.
Sehr behutsam gelingt es dem Bilderbuch mit seiner Auswahl an bekannten wie auch weniger bekannten Geschichten und den aktualisierten Gebeten, die ermutigende Botschaft der Bibel in die kindliche Erfahrungs- und Erlebniswelt hineinsprechen zu lassen. Es benennt die Brüche und Gefahren im Leben, die hellen wie die dunklen Seiten und antwortet nicht mit erhobenem Zeigefinger, sondern mit einfühlsamen Hinweisen auf einen Gott, der menschliches Dasein in dieser Vielschichtigkeit kennt und liebt. Das macht das Buch zu einer Sammlung von Freundschaftsgeschichten der besonderen Art, in dem Streit und Misstrauen ebenso zur Sprache kommen wie Versöhnung und Gemeinschaft.
An vertiefenden Gestaltungsanregungen zum beschriebenen Gleichnis vom verlorenen Schaf mag nachfolgend exemplarisch deutlich werden, wie sich die Geschichten nicht nur beim abendlichen Vorlesen in der Familie sondern ebenso für die religiöse Erziehung im Kindergarten entfalten lassen.

Spielen & Gestalten

Vorleselichter basteln

In vielen Familien wie auch im Kindergartenalltag ist das regelmäßige Vorlesen zu einer guten Gewohnheit geworden, die sich durch einfache Zeichen als ein wohltuendes Ritual gestalten lässt. So kann beispielsweise ein Licht, das immer zur Vorlesestunde entzündet wird, in besonderer Weise die Geborgenheit und Wärme dieser Gemeinschaftssituation unterstreichen. Folgender Bastelvorschlag knüpft an das Gleichnis vom verlorenen Schaf an, ist aber ebenso geeignet, als Erzählleuchte auch bei den anderen Geschichten zum Einsatz zu kommen:

Material: leere Honig- oder Marmeladengläser, weißes Transparent- oder Butterbrotpapier, Tapetenkleister

Aus weißem Transparent- oder Butterbrotpapier schneiden oder reißen die Kinder kleine Schafe in Wolkenform (passend

zur Größe der Gläser etwa mit 6 cm Durchmesser) und geben den wolkigen Gebilden durch das Aufmalen von Maul, Augen und Ohren ein „Schafgesicht". Diese werden anschließend mit auf die Außenseite der Gläser gekleistert.
Ein brennendes Teelicht im Innern lässt die Schafe vor allem bei Dämmerlicht erstrahlen und verleiht der Vorlesestunde als Einzellicht im Kinderzimmer wie auch als Lichtergruppe mit mehreren Gläsern im Kindergarten einen besonderen Glanz.
Wer erkennt „sein" Schaf in der Lichtergruppe wieder? Die Überleitung von dem Bild zur Geschichte ist schnell gefunden.

Welches Schaf fehlt?

Malen und Schauen:

Jedes Schaf sieht anders aus. Jedes Lebewesen ist ein einmaliges Geschöpf Gottes. Das merken Kinder schnell, wenn sie versuchen, ganz nach eigener Vorstellung und Fähigkeit Schafe mit weißen Wachsmal- oder Wasserfarben auf Tonpapier zu malen. Die entstandenen Kunstwerke kommen anschließend bei folgendem Wahrnehmungsspiel zum Einsatz:
Einige ganz verschiedenen Schafbilder werden vor den Augen der Kinder auf dem Fußboden ausgelegt. Gemeinsam schauen und benennen sie: Was für besondere Merkmale weist jedes einzelne Schaf auf? Könnte man für die Schafe passende Namen finden? Wie unterscheidet sich eins vom andern? Ein Kind verlässt schließlich den Raum, während die anderen eines der Schafe aus der „Herde" entfernen. Das Kind kommt wieder herein und versucht herauszufinden und anhand der markanten Merkmale des nun vermissten Schafes zu beschreiben, welches fehlt. Der Schwierigkeitsgrad richtet sich nach Anzahl der Schafe im Spiel. Leichter ist es, wenn die Herde klein und überschaubar ist. Je mehr Schafe im Blick zu behalten sind, desto kniffliger wird die Aufgabe für den Hirten.

Symbolisches Singspiel

Aspekte der Geschichte werden auch durch den folgenden Spiel- und Bewegungsablauf zum Lied erfahrbar: Die Kinder stehen im Kreis und bringen in Gesten oder Körperbewegungen zum Ausdruck, was die ersten drei Liedzeilen erzählen. Zu „groß“ oder „klein“ strecken sie sich in die Höhe oder gehen tief in die Knie, beschreiben mit den Armen und Händen ein enges oder weites Maß. Die „Nähe Gottes“ drückt sich aus in einer Nähe zueinander, indem die Kinder mit einigen Schritten Richtung Kreismitte dichter zusammenrücken und sich gegenseitig die Arme über die Schultern legen.
Bei Liedzeile vier und fünf aber verändert sich das Bild: Der Kreis löst sich auf. Jedes Kind sucht und geht im Raum seinen eigenen Weg. Alle laufen durcheinander bis die sechste und siebte Liedzeile dazu einladen, sich erneut im Kreis zusammenzufinden. Diese letzten Zeilen werden nötigenfalls mehrfach wiederholt, um dabei alle Kinder zu sammeln. Dann kann das symbolische Singspiel erneut beginnen.

Es ist niemand zu groß

Text und Melodie: Susanne Brandt

Alice McLerran · Eric Carle

Der Berg und das Vögelchen

Erzählen & Entdecken

Nackt und kahl steht der Fels in der öden Landschaft. Der Besuch eines Vogels, der auf der Suche nach einem Nistplatz auf seinem Gipfel ausruht, lässt den Fels zum ersten Mal spüren, was Leben ist. Von nun an erwartet er jeden Frühling das Kommen des Vogels, seinen Gesang und seine Lebendigkeit, sehnsüchtig herbei. Mit jedem Jahr wird seine Sehnsucht nach dieser Begegnung größer – so groß, dass plötzlich ein Tränenstrom aus dem Innern des Felsen hervorbricht und sich als Bach über die toten Steine ergießt. Als der Vogel im nächsten Frühjahr wiederkommt, bringt er einen Samenkorn mit, den er am Rande des sprudelnden Baches in einer Felsspalte zurücklässt. Der Samen findet Nahrung in dem Wasser, und langsam, ganz langsam wachsen seine Wurzeln heran, die sich immer tiefer mit dem Berg verbinden. Eine Pflanze entsteht. Langsam, ganz langsam spürt auch der Berg die Veränderung, die mit ihm geschieht: aus dem Samen wird eine Pflanze, aus einer Pflanze werden viele Pflanzen, ein ganzer Wald.
Es kommt ein Frühjahr, da bringt der Vogel einen Zweig mit, um in den Bäumen des Berges nach einem Nistplatz zu suchen. Da weiß der Berg, dass sein Freund diesmal bleiben wird.

Begegnung und Zuwendung

Viele Impulse lassen sich von dieser Geschichte her aufgreifen: die Elemente und Kreisläufe der Natur, die verändernde Kraft von Begegnung, Berührung und Zuwendung, die befreiende Wirkung von Trauer und Freude, die in einem hervorbrechenden Strom ins Fließen kommt, langer Atem und Geduld für das Wachsen und Werden – um nur einige Beispiele zu nennen. Es ergeben sich daraus Beziehungen zum Themenbereich „Frühling", zu Aspekten wie „Freundschaft" oder „Gefühle", und mit Blick auf das belebende und verwandelnde Wasser lässt sich auch zum Thema „Taufe" eine Verbindung herstellen. Dem gewählten Schwerpunkt und Anlass entsprechend, kann die kreative und spielerische Umsetzung in vielfältiger Weise geschehen.

Spielen & Gestalten

Fingerspiel zum Lied „Der Berg“

Als Einstimmung in die Landschaft der Geschichte eignet sich besonders bei kleinen Kindern folgendes Fingerspiel (gesprochen oder gesungen) vor dem Erzählen:

Spielidee: Die Kinder finden sich paarweise zusammen. Ein Kind formt mit beiden Händen einen ausgehöhlten Berg, das andere Kind tippelt dort mit Zeige- und Mittelfinger erst hinauf, dann hinab und am Ende unter die bergenden Hände (Lied siehe Seite 36).

Die Geschichte mit Geräuschen erzählen

Material: Steine, Rainmaker oder Rainstick (alternativ sind Wind- und Regengeräusche mit anderen Materialien bzw. Körperinstrumenten zu improvisieren), Glockenspiel, eventuell Flöte, Rassel mit Samenkörnern, Bambusstäbe als Klanghölzer.

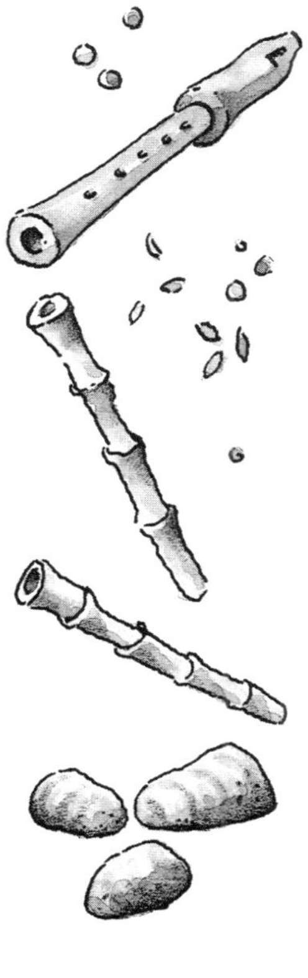

Die verschiedenen Entwicklungsstufen in der Geschichte können durch Klänge verdeutlicht werden:

1. Noch ist der Berg nackt und kahl (Steine aneinander reiben), Berührung geschieht nur durch Wind und Regen (Wind- und Regengeräusche improvisieren).
2. Ein Vogel kommt zu Besuch und singt ihm sein Lied (evtl. Melodie des Liedes „Vogel singt“ flöten oder einfach nur pfeifen).
3. Tränen der Trauer brechen aus dem Berg hervor („Tropfen“ als a-Moll-Dreiklang auf dem Glockenspiel).
4. Der Vogel (jeweils durch sein Lied angekündigt) bringt Samenkörner mit (Rassel mit Samenkörnern oder Samenkörner, die auf einem Blechdeckel oder einem Handtrommelfell hörbar hin- und herrollen).
5. Aus den Samenkörnern wachsen Triebe, Bäume und Zweige heran (als Zeichen für die Stämme und Äste der herangewachsenen Bäume: Bambusstäbe in handliche Abschnitte von ca. 10 cm Länge zersägen und als Klanghölzer aneinander schlagen).
6. Der Tränenstrom hat sich in Freudentränen verwandelt („Tropfen“ als C-Dur-Dreiklang auf dem Glockenspiel).

Der Berg

C G
Auf die - sen Berg hier steigt ein Mann, kommt
C F G
o - ben auf dem Gip - fel an und
a d G F
legt sich mü - de nie - der. Schau doch nun steigt er
d C F G
wie - der den Hang hi - nab tip tap. Im
a e
Berg ist ei - ne Höh - le. Er
a d G C
macht sich klein, kriecht flink hi - nein und
a e a
lauscht, was ich er - zäh - le.

Die Klänge können zunächst beim freien Nacherzählen der Geschichte begleitend eingesetzt werden, schließlich aber auch ganz ohne Worte das Geschehen wiedergeben. Dabei übernehmen die Kinder mit den verteilten Klangmaterialien verschiedene Rollen bzw. Szenen. Eine nonverbale Darstellung der Handlung in dieser Weise setzt voraus, dass die Kinder gut aufeinander hören und sowohl auf ihren „Einsatz“ wie auch auf das „Zusammenspiel“ im Gesamtgeschehen Acht geben.

Spiellied „Vogel singt“

Material: Viele gesammelte Steine, ein Korb mit gesammelten Pflanzenteilen (wie z. B. Früchte, Zweige, Blätter, Blüten), Feder

Spielidee: Das kleine Frühlingslied kann als Kreisspiel dargestellt werden. Ein Kind sitzt als „Berg“ in einem aus Steinen gelegten Kreis. Neben ihm steht ein Korb mit Blumen, Früchten und Zweigen, abgedeckt durch ein dunkles Tuch. Die Kinder der Gruppe bilden um Steine und Berg einen Außenkreis.
Ein einzelnes Kind wandert als „Vogel“ zum Lied um den Berg herum und berührt ihn schließlich mit einer Vogelfeder, die es in der Hand trägt. Daraufhin holt der Berg ein Pflanzenteil aus seinem Korb hervor und legt es zwischen die Steine. Das „Vogelkind“ gibt seine Feder an ein anderes Kind im Kreis ab, das somit zum „Vogel“ wird, und das Spiel wiederholt sich.
Den gewählten Pflanzenteilen entsprechend werden für das Lied weitere Strophen gebildet, indem jeweils in der letzten Zeile der botanische Begriff passend verändert wird. Am Ende ist die Steinlandschaft um den Berg herum ganz begrünt.

Vogel singt...

Text und Musik: Susanne Brandt. © Verlagswerkstatt kreuz & quer, Papenburg

Ein Riesenbilderbuch gestalten

Die einzelnen Szenen der Geschichte lassen sich als große, in Gruppenarbeit zu gestaltende Bilder aus gerissenen Buntpapierschnipseln darstellen, was auch vielen kleinen Kindern die Möglichkeit gibt, mitzuwirken. Die Grundform bildet dabei der Berg. Seine langsame Veränderung drückt sich in verschiedenen Farben aus.

Material: Buntpapier in grau, blau, grün, rot, gelb (nass klebend oder ggf. mit Klebstoff zu verwenden); fünf große Bögen Plakatkarton; etwas Wolle zum Zusammenfügen der Blätter als Riesenbilderbuch.

Gestaltung: Aus den verschiedenen Papierfarben werden Schnipsel gerissen. Auf die großen Kartonbilder wird jeweils der Umriss eines großen Berges vorgezeichnet. Folgende Bilderfolge ergibt sich aus der Geschichte:

1. Der Berg ist kahl und grau (Bergform mit grauen Schnipseln auskleben)
2. Wasser bricht aus dem Berg heraus (Auf einem Berg aus grauen Schnipseln entsteht eine Spur mit blauen Schnipseln als Wasser)
3. Pflanzen fangen am Rande des Baches an zu gedeihen (Am Rande eines blauen Wasserlaufes auf dem immer noch grauen Berg finden auch grüne Farbteile Platz)
4. Am Ende ist der Berg ganz bewachsen (Der ganze Berg ist jetzt mit grünen Schnipseln ausgeklebt, durchzogen vom Blau des Wasserlaufes und geschmückt mit gelben und roten Blütenfarben).

Der fünfte Bogen Plakatkarton lässt sich als Titelblatt frei gestaltet. Dahinter können die entstandenen Bilder in der Reihenfolge 1. bis 4. geordnet, am linken Rand gelocht und zusammengebunden werden. Fertig ist das Riesenbilderbuch zur Geschichte!

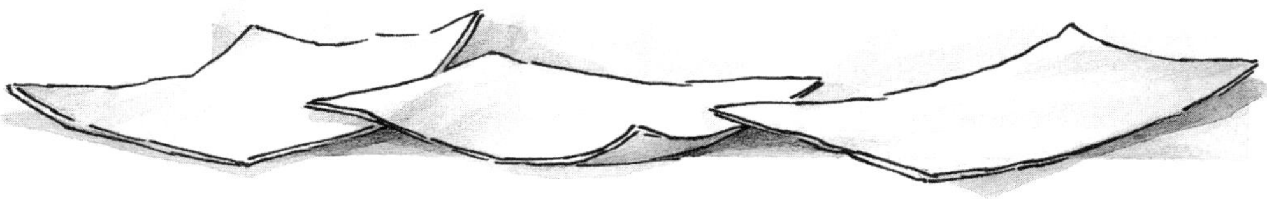

Astrid Lindgren

Kindertag in Bullerbü

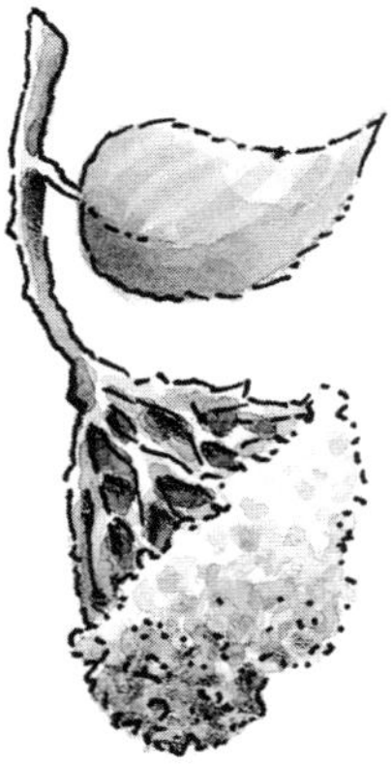

Erzählen & Entdecken

In Stockholm, so liest es Lasse in der Zeitung, ist Kindertag. Karussellfahrten, Ponyreiten und Überraschungen für Kinder stehen auf dem Programm. Nun gibt es in dem kleinen Dorf Bullerbü zwar kein Karussell - dafür aber einige erfinderische Kinder, die sich schnell einig sind, dass es auch in Bullerbü so einen Kindertag geben müsste. Vor allem Oles kleine Schwester Kerstin soll dabei mal so richtig ihren Spaß haben. Kann ja sein, dass sie danach für lange Zeit zufrieden ist und nicht mehr dauernd hinter den Großen herlaufen will.
Aber nicht jede Idee weckt bei Kerstin Begeisterung. Mit einem Seil um den Bauch in der Luft zu hängen und „Berg- und Talbahn" zu spielen, findet sie überhaupt nicht lustig. Dagegen geht es beim Puppenpicknick unterm Holunderbusch schon viel vergnügter zu.
Kein Wunder, dass am Ende eines so ereignisreichen Tages die Kleine wie die Großen mächtig müde sind.

Seit nun schon 50 Jahren ist Astrid Lindgrens „Bullerbü" so etwas wie ein Zauberwort, Synonym für eine paradiesisch anmutende Welt, in der Kinder unbeschwert leben und spielen können. Es ist vor allem jene Geborgenheit im Kreise der Familien und Freunde, die dort eine gesunde Portion Vertrauen wachsen lässt: in großer Freiheit, aber nicht ohne Halt, lustvoll und vergnügt, aber nicht frei von Konflikten und Mühen. Mit diesem Vertrauen erobern die Kinder ihre Welt, entdecken ihre Möglichkeiten und Grenzen, entwickeln Mut und Fantasie.

Freiheit und Grenzen

Auch wenn die Welt von Kindern (und Erwachsenen) heute sicher anders aussieht - Freiheit und Grenzen, Mut und Fantasie sind Erfahrungen, die bei der Bewältigung des Alltags heute wie damals von zentraler Bedeutung sind.
So geht es nicht darum, einen „Kindertag", wie dieses Buch ihn beschreibt (übrigens in neu illustrierter Ausgabe) an den konkreten Spielgewohnheiten und Freizeitinteressen von Kindern heute zu messen - und vielleicht als nicht mehr zeitge-

mäß zu verwerfen. Übertragbar auf die aktuelle Situation ist vielmehr die Art, wie Kinder hier die Initiative ergreifen, um einen Plan in die Tat umzusetzen: wie sie erfinderisch werden, um mit ihren begrenzten Mitteln und Möglichkeiten eigene Ideen zu verwirklichen und wie sich das Miteinander von Kindern und Erwachsenen dabei konstruktiv gestalten lässt.

Spielen & Gestalten

Kindertag – auch bei uns

Die Idee, als Kind selbst die Initiative zu ergreifen und z.B. ein Kinderfest oder einen Spielenachmittag vorzubereiten, lässt sich von diesem Buch her auf viele Anlässe übertragen:
Wie wäre es z.B. mit einer Geburtstagsfeier unter dem Motto „Wir spielen Kindertag in Bullerbü“, bei der zunächst das Buch vorgestellt wird und die Gäste schließlich Gelegenheit bekommen, den Nachmittag durch eigene Einfällen mitzugestalten.

Bei größeren Vorhaben mit mehr Öffentlichkeit ist eine genauere Planung notwendig. An folgenden Punkten können sich die Überlegungen dazu orientieren:

- Für welche Zielgruppe sollen die Spielangebote sein? (Kinder welchen Alters?; Mit oder ohne Eltern?)
- Wo sollen die Aktionen stattfinden? (drinnen oder draußen?)
- Welcher Zeitrahmen ist vorgesehen?
- Ist ein besonderer Anlass / ein besonderes Thema zu berücksichtigen?
- Welche spontanen Ideen für Spielangebote gibt es? (Brainstorming)
- Was lässt sich davon leicht, was eher schwer in die Tat umsetzen, und wie lassen sich evtl. Probleme lösen? (auch finanziell)
- Wie wird auf das Fest aufmerksam gemacht?
- Welche Aufgaben sind zu verteilen (von der Betreuung einzelner Spiele bis hin zum Kuchenbacken und Aufräumen)?

Einige themenbezogene Anregungen zur Gestaltung eines solchen Tages sind auf Seite 42 unter „Ein Spieletag ...“ genannt.

Kindertag – wie vor 50 Jahren in Bullerbü

Die Tatsache, dass die Bullerbü-Geschichten rund 50 Jahre alt sind, die dort beschriebene Welt für Kinder heute also zeitlich der Kinderwelt ihrer Großeltern entspricht, kann auch hinführen zu dem Thema „Leben und Spielen gestern und heute“. Mögliche Gestaltungsideen hierbei sind:

- Großeltern zeigen ihren Enkeln alte Spiele (und umgekehrt: Kinder zeigen ihren Großeltern, was ihnen heute Spaß macht).
- Die zusammengetragenen Erinnerungen und Ideen werden in einem selbstgestalteten Spielebuch aufgeschrieben.
- Aus alten und neuen Fotos entsteht eine Collage zum Thema.
- Ein gemeinsamer Museumsbesuch gibt weitere Hinweise auf Spielformen vor 50 Jahren.

Ein Spieletag rund um das Thema „Bullerbü“

Die Bullerbü-Geschichten von Astrid Lindgren, von denen es neben dem „Kindertag“ noch viele andere im Oetinger-Verlag gibt, können auch dazu anregen, bekannte Spielideen auf die Szenerie der Bücher abzustimmen und zu einer Spielekette zu verbinden. – Einige Beispiele:

Die erste Stromleitung in Bullerbü

Die Versorgung von Bullerbü mit Elektrizität war anfangs noch sehr störanfällig. Immer wieder musste ein Handwerker gerufen werden, um Leitungsschäden zu beheben.

So wird gespielt:

In einem Stuhlkreis sitzen Kinder und fassen sich als „summende Stromleitung“ an den Händen. Ein „Elektriker“ (für den im Kreis kein freier Stuhl bereitsteht) verlässt den Raum. Währenddessen verabreden die Kinder im Kreis, an welcher Stelle der „Leitungsschaden“ sein soll, den der Elektriker nun suchen muss. Er kommt herein, lauscht auf das permanente Summen der Leitung und nähert sich mal der einen, mal der anderen Stelle. Je dichter er an den heimlich ausgemachten „Leitungsschaden“ herankommt, desto lauter wird das Summen! Meint er so, die gesuchte Stelle gefunden zu haben, berührt er diese mit der Hand. Hat er richtig getroffen, gibt’s einen lauten Knall:

die Kinder im Kreis springen auf, wechseln die Plätze, und der Elektriker muss sehen, dass er nun einen Stuhl abbekommt. Wer am Ende keinen Platz gefunden hat, verlässt als „Elektriker" für die nächste Runde den Raum.

Kuhtreiben auf Bullerbü

Ab und zu werden die Kühe von Bullerbü von einer Weide zur nächsten geführt. Kann sein, dass dabei manchmal welche wild werden ...

So wird gespielt: Wie bei der bekannten „Löwenjagd" geht es auch hier darum, den wilden Kühen bei ihrem Lauf über Stock und Stein mit Geräuschen und Bewegungen zu folgen. Im Kreis sitzend wird das „Kuhgetrappel" mit wildem Trommeln der Hände auf den Oberschenkeln hörbar gemacht. Einer aus der Gruppe (bei jüngeren Kindern ein Jugendlicher oder Erwachsener) übernimmt mit einer abenteuerlichen Wegbeschreibung die Führung. Da geht es z.B. durch eine sumpfige Wiese (quatschnasse Geräusche), in eine scharfe Rechtskurve (der ganze Kreis neigt sich nach rechts) oder mit einem Sprung über den Zaun (alle springen von ihren Plätzen hoch). Je schneller die Ereignisse wechseln, desto mehr Spaß kommt ins Spiel. Die Tour steckt voller Hindernisse und Überraschungen, und am Ende macht die aufgeregte Kuh kehrt und läuft den ganzen Weg zurück. Wer hat sich gemerkt, wo's langgeht?

Mittsommer-Blumen pressen

Beim schwedischen Mittsommerfest, das auch in Bullerbü gefeiert wird, gibt es den Brauch, Blumen nachts unters Kopfkissen zu legen. Die Träume haben dann eine ganz besondere Bedeutung (Wer weiß, welche?).
Aber es muss vielleicht nicht immer das Kopfkissen sein. Sommerblumen aus der Mittsommernacht lassen sich auch zwischen Löschpapier und dicken Büchern eine Zeit lang pressen und später als Erinnerung in ein „geheimes Traumbuch" kleben.

Schlemmen wie in Bullerbü

Wo gespielt wird, da kommt irgendwann auch der Hunger!
Wer so richtig „stilecht" nach Bullerbü-Art speisen möchte, kann auf Pommes, Pizza und Chips an diesem Tag getrost verzichten.

Es gibt viele leckere Alternativen, z. B.:
- Rote Grütze aus Sommerbeeren mit Milch
- Apfelkuchen
- Heißwecken (eine Art Milchbrötchen) und Zimtschnecken
- Pellkartoffeln mit Quark und Wildräutern
- Heringssalat
- Kartoffelauflauf mit frischen Landeiern
- Fruchtsäfte und frische Milch

Spiellied: „Wer wohnt da unterm Holunderbaum?"

Anknüpfend an das Puppenpicknick unterm Holunderbusch lässt sich folgendes Kreisspiel zu einer schwedischen Volksweise durchführen:

Spielidee: Alle Mitspielenden bilden als Kreis den „Holunderbaum" (Hände und Arme wie ein dichtes Geäst verzweigt und über der Kreismitte erhoben). Darunter finden nun, jeweils beim Namen gerufen, mehr und mehr Kinder aus dem Kreis Platz. Der nach und nach aus immer weniger Menschen bestehende Baum muss also seine Äste immer weiter ausstrecken, um mehr und mehr Kinder in seine Mitte nehmen zu können. Am Ende lautet die letzte Strophe:
„Das wird bestimmt die ... sein. Mehr aber passen nun wirklich nicht rein!"

Wer wohnt da unterm Holunderbaum?

Text: Susanne Brandt; Melodie: Volksweise aus Schweden

Janosch

Noch eine Rosine bis Weihnachten

Erzählen & Entdecken

Der kleine Tiger und der kleine Bär - für Janosch-Fans keine Unbekannten - warten auf Weihnachten. Sie üben sich im Zählen der noch verbleibenden Tage und Nächte, da hat der kleine Bär eine Idee: Wenn man neunzehn Erbsen in eine Reihe auf den Tisch legt - denn genau so viele Tage sind es noch bis Weihnachten - und dann jeden Tag eine wegnimmt, lässt sich genau ablesen, wann das herbeigesehnte Fest endlich beginnt. Der kleine Tiger findet das sehr einleuchtend. Nur die Erbsen hätte er doch lieber gegen süße Rosinen eingetauscht. Sogleich wird der Vorschlag in die Tat umgesetzt.
Am nächsten Morgen weckt der kleine Tiger den kleinen Bären ganz aufgeregt. „Nur noch ein Tag bis Weihnachten", weiß er triumphierend zu verkünden. Und tatsächlich: Nur noch eine süße Rosine liegt da auf dem Tisch. Ob da wohl jemand etwas nachgeholfen hat?

Vorfreude und Ungeduld

Die Adventszeit ist die Zeit des Wartens. Adventskalender und Kerzenkranz sind vertraute Zeichen, die das Näherrücken des Festes sichtbar machen. Oft mischen sich Spannung und Vorfreude mit Ungeduld und dem Wunsch, die Zeit doch etwas schneller weiterdrehen zu können. Die adventlichen Zeichen und Rituale machen uns jedoch immer wieder bewusst, dass es eben nicht unsere Hände sind, in denen die Zeit liegt. In der Janosch-Geschichte wird diese Erfahrung humorvoll thematisiert. Es scheint dem kleinen Tiger ein süßes und durchaus logisches Vergnügen zu sein, die Zeit bis Weihnachten eigenmächtig ein bisschen zu beschleunigen. Doch so hat der kleine Bär seine Idee wohl nicht gemeint.

Spielen & Gestalten

Vorhang auf im Kartontheater!

Material: Schuhkarton, zwei Holzstäbe (z.B. Schaschlikstäbe), mehrere Rosinen, Zeichenkarton, Papier, Klebstoff, Farben, Schere, Bindfaden.

So wird gespielt: Bei einem Schuhkarton wird die vordere Seite aufgeschnitten und heruntergeklappt, so dass der Innenraum eine sichtbare Spielfläche ergibt. Sie wird als weihnachtliche Wohnung für Bär und Tiger fantasievoll mit Papier und Farben ausgestaltet. Die Spielfiguren „kleiner Bär" und „kleiner Tiger" (Vorlagen dafür bieten die Illustrationen des Buches) werden auf Pappe oder festen Zeichenkarton übertragen, angemalt und jeweils an die vorderen Enden der beiden Holzstäbe geklebt. In die Seitenwände des Schuhkartons werden Löcher für die Holzstäbe gebohrt. Durch sie lassen sich die Figuren im Innern des Kartons von außen her führen.

Der Spieltext ergibt sich aus den in der Geschichte enthaltenen Dialogen, zu denen die Figuren entsprechend agieren. Im Handlungsverlauf kommen auch die Rosinen ins Spiel (die Anzahl entspricht dabei der tatsächlich noch verbleibenden Tage bis Weihnachten): Während der kleine Bär schläft, sorgt der kleine Tiger dafür, dass sich die Rosinen über Nacht schneller als erwartet „reduzieren“ (wie ein Schieber schafft die Kartonfigur am Holzstab die Rosinen heimlich beiseite). Ob Weihnachten dadurch nähergerückt ist?
Viele Kinder können mit verschiedenen Aufgaben an der Ausgestaltung des Kartontheaters mitwirken und die Aufführung z. B. auch durch Musik untermalen (In der Geschichte spielt der kleine Bär nachmittags auf der Blockflöte Weihnachtslieder!). Beim Spielen kann der Karton auf einem Tisch stehen oder wie ein Bauchladen an einem Band umgehängt werden.

Vom Kartontheater zum Adventskalender

Baut sich jedes Kind ein eigenes Kartontheater, kann es damit die Geschichte auch zu Hause nachspielen oder weitere Szenen erfinden. An der Wand aufgehängt, wird der Karton vielleicht zu einem „Janosch-Adventskalender“: Vor den Figuren liegen 24 (oder den verbleibenden Tagen entsprechend auch weniger) kleine „Leckereien“, und jeden Tag darf eine(!) davon gegessen werden. Wer mag, kann die Kartonwohnung mit der Zeit immer weihnachtlicher ausschmücken. Am Schluss dürfen der kleine Bär und der kleine Tiger dann wirklich (vielleicht mit Mini-Tannenbaum?) Weihnachten feiern!

Annegert Fuchshuber

Die Nikolausstiefel

Erzählen & Entdecken

Afrem, ein kleiner Junge aus einem armen anatolischen Bergdorf, besitzt kaum mehr als seinen Esel und etwas Essen, das er als Lohn für seine Arbeit auf dem Markt bekommt. Im Sommer ist das genug für ihn und seine Familie. Im Winter aber wird das Leben sehr hart. Es fehlt an Nahrung, Wärme und Kleidung und die nackten Füße werden nur von Stroh und Lumpen ein bisschen vor Schnee und Kälte geschützt. Oft bleibt den Menschen nur eine Hoffnung: Wann kommt Bischof Nikolaus aus Myra den Armen zur Hilfe?
Als in einem besonders harten Winter die Nachricht umgeht, dass der Bischof von seiner Reise zu den Bergdörfern nicht zurückgekehrt ist, senken sich Trauer und Angst auf das Dorf.

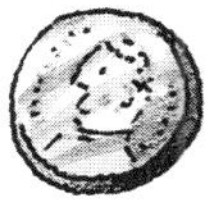

Da geschieht es, dass Afrem eines Abends die Hilferufe eines alten Mannes hört, der im tiefen Schnee am Wegrand hockt. Räuber haben ihn überfallen. Wie gut, dass Afrem seinen Esel dabei hat, mit dem er den Alten ins Dorf bringen kann. Erst am Tor des Dorfvorstehers zeigt sich, wen er da soeben vor der Kälte der Nacht gerettet hat: den Bischof Nikolaus.
Am nächsten Morgen wird Afrem früh von einem Klopfen an der Stalltür geweckt. Er schaut hinaus und staunt: Auf der Schwelle stehen ein warmes Paar Winterstiefel, gefüllt mit Nüssen und Früchten. Und ganz unten in jedem Stiefel findet er noch eine Goldmünze mit dem eingeprägten Bild des Bischofs.
Annegert Fuchshuber hat mit „Die Nikolausstiefel" eine neue Legende geschaffen, die an den Geist, den Sinn und die Wahrheit überlieferter Legenden anknüpft. Sie erklärt, warum Kinder noch heute am Vorabend des Nikolaustages die Schuhe vor die Tür zu stellen, um sie dort am nächsten Morgen wohlgefüllt zu wiederzufinden.

In einer Zeit, da den Kindern mancher Weihnachtsmann im vorweihnachtlichen Trubel als Nikolaus verkauft wird und umgekehrt, kommt Legendengeschichten eine wichtige Aufgabe zu:

Usprung des Schenkens

Sie verweisen auf den Ursprung des Schenkens zum Nikolaustag als Geste der Solidarität und Gerechtigkeit für die Armen. Und sie können so vielleicht dafür sensibilisieren, dass nicht alles, was wir längst für selbstverständlich halten, überall auf der Welt in gleichem Maße verfügbar ist. Dass es auch heute in vielen Teilen der Welt Armut und Unrecht gibt und dass bereits Kinder in kleinen, aber nicht unbedeutenden Schritten Wege der Hilfe entdecken können.
Dabei geht es nicht darum, bereits Kinder für die weltwirtschaftlichen Ungerechtigkeiten in der Einen Welt verantwortlich zu machen. Auch soll die Freude über Geschenke nicht durch moralische Appelle an das Mitgefühl für die Notleidenden in der Welt getrübt und durch das eindringliche Erinnern an Hunger und Elend anderswo überschattet werden. Vielmehr gilt es, in postiver, lustvoller und ermutigender Weise das forschende Interesse für Lebenszusammenhänge nah und fern anzuregen, die Sinne für Gerechtigkeit und Solidarität zu schärfen, die Entdeckerfreude mit ganz alltäglichen Dingen zu wecken und die Möglichkeit, sich zu engagieren, als spannende Erfahrung erlebbar zu machen.

Spielen & Gestalten

Wer hat welche Schuhe an?

Wahrnehmungsspiel:

Schuhe und Strümpfe, die der jeweiligen Jahreszeit entsprechen, gehören meistens – anders als bei Afrem in der Geschichte – zu den Selbstverständlichkeiten unseres Alltags, denen wir kaum besondere Aufmerksamkeit schenken. Grund genug, sich einmal bewusst anzuschauen, mit welcher Vielfalt wir unsere Füße bekleiden können. Dabei sitzen die Kinder im Kreis, zeigen und beschreiben sich gegenseitig ihre Haus- oder Winterschuhe. Was ist bequem oder unbequem, eher kalt oder eher warm? Was zeichnet einen „Lieblingsschuh" aus? Welche besonderen Merkmale und Unterschiede lassen sich entdecken? Verschiedene Farben und Formen, Muster und Materialien, Klettverschlüsse oder Schnürsenkel sind hier zu nennen und schließlich nach verschiedenen Gruppen zu ordnen: Wer trägt Stiefel oder Halbschuhe, Socken oder Hauspantoffeln, diese oder jene Farbe an den Füßen?

Das Wahrnehmungs- und Ordnungsspiel mündet schließlich in ein Lied, mit dem sich die gefundenen Schuhgruppen benennen und spielerisch in Bewegung bringen lassen (Tanz der Schuhe). Dabei sind die im Liedtext vorgegebenen Begriffe lediglich als Beispiele zu verstehen und werden jeweils passend zum vorhandenen Schuhwerk der Kinder ausgetauscht. So heißt es dann vielleicht: „Blaue Socken gehen tip tap tip tap ..." oder „Gummistiefel gehen tip tap tip tap ..."
Wichtig ist, dass die Kinder sich bestimmten Schuhgruppen zuordnen können und dann das Lied gruppenweise an passender Stelle mit entsprechend langsamen oder schnellen „Tippelbewegungen" der Fußspitzen auf dem Boden begleiten. Geübte Schuhtanzkünstler schaffen das vielleicht sogar im Kanon (Lied siehe Seite 56).

Würfelspiel nach eigenen Regeln: Unterwegs mit Afrem

Dieses Würfelspiel kommt ohne Spielbrett aus, da seine Felder aus Fußspuren auf dem Boden gelegt werden. Alle Materialien werden von den Kindern selbst angefertigt. Auch lässt der Spielgedanke, der im Grundprinzip einem einfachen Würfelspiel entspricht, viele Varianten offen, die mit den Kindern auszuhandeln sind. Dabei ist immer wieder eine Rückbesinnung auf die Bilderbuchgeschichte wie auch die Einigung auf gemeinsame Regeln im Zusammenspiel gefordert - ein Prozess in mehreren Schritten, für den die Kinder genügend Zeit und Begleitung brauchen. Es ist denkbar, für die verschiedenen Aufgaben der Spielvorbereitung (Fußspuren anfertigen, Figur basteln, Ereignisse überlegen) mehrere Kleingruppen zu bilden.

Spielvorbereitung: Zunächst ummalen die Kinder auf farbigem Tonkarton die Umrisse ihrer Füße (oder die Füße eines anderen Kindes) und schneiden die so entstehenden Formen aus. Bei 30 Kindern ergibt das 60 Felder. Während 50 davon aus gleichfarbigem Karton hergestellt werden, kommt für die restlichen 10 eine andere Kartonfarbe ins Spiel. Diese Spuren erhalten als Ereignisfelder eine deutlich sichtbare Nummerierung von 1 bis 10.
Nun werden alle Fußspuren in einer großzügig geschwungenen Linie oder Schnecke dicht an dicht auf dem Fußboden ausgelegt, an dessen Ende ein mit Mandarinen, Äpfeln und Nüssen gefüllter Nikolausstiefel steht. In etwa gleichgroßen Abständen (also jeweils etwa nach jedem 6. Feld) reihen sich dabei die andersfarbigen nummerierten Felder in aufsteigender Zahlenfolge von 1 bis 10 ein.
Auch die Spielfigur entsteht in Eigenarbeit: Aus Blumentöpfen, Holz oder aus einer Papprolle wird ein standfestes „Männchen“ in passender Größe hergestellt, das den Jungen Afrem aus dem Bilderbuch verkörpert. Dieser beginnt am Startpunkt der gelegten Spur seine Reise.
Die Zahl der mitspielenden Kinder, die nun gemeinsam der Reihe nach die jeweiligen Schritte der Figur auf dem Weg er-

würfeln, kann variieren, da nicht gegeneinander, sondern miteinander auf das Ziel zugegangen wird. Doch sollte die Gruppe nicht zu groß sein. Ideal sind bis zu 10 Kinder, die nacheinander würfeln und die Figur der Augenzahl entsprechend weitersetzen. Gleichzeitig wird für jedes Kind eine Strichliste geführt, die für die Endauswertung unter jedem Namen die erwürfelte Augenzahl als Punkte registriert.
Erreicht die Figur nun eines der Zahlenfelder, liest die Erzieherin eine dafür vorbereitete Ereigniskarte vor. Diese Ereignisse greifen Gedanken aus der Bilderbuchgeschichte auf und werden vor dem Spiel nach Möglichkeit mit den Kindern gemeinsam erdacht, etwa nach folgenden Leitfragen:

- Was macht Afrem den Weg schwer? (Kälte, Hunger...)
- Was gibt ihm Kraft und Mut in seinem Leben? (seine Familie, sein Esel, ein Stück Brot...)

Auf diese Weise kommt die Geschichte erneut ins Gespräch.
Die schweren Aufgaben in seinem Leben könnten nun für das Spiel bedeuten, dass die Figur erschöpft ist und die nächste Würfelrunde langsamer vorankommt, indem von den gezeigten Augen immer ein Punkt abgezogen wird. Eine Ermutigung kann dagegen bedeuten, dass der nächste Wurf gleich doppelt zählt und die Figur umso schneller weiterbringt.
Der Text einer solchen Ereigniskarte könnte also z.B. lauten: „Afrem muss gegen den kalten Wind ankämpfen. Er kommt nur langsam voran. Bei den nächsten drei Würfen wird jeweils ein Punkt abgezogen.“

Spielende: Am Ende gilt es, den aufgestellten Stiefel als Zielfeld mit genauer Punktzahl zu erreichen. Wem das gelingt, der darf sich aus dem gefüllten Stiefel ein Teil für sich aussuchen. Eine weitere „Prämie“ aus dem Stiefel ergibt sich nach Auszählung der pro Kind erreichten Würfelpunkte. Die Kinder einigen sich zuvor per Abstimmung darauf, ob die höchste Punktzahl oder die geringste Punktzahl die „Prämie“ bekommen soll. Nicht immer müssen die mit dem größten „Guthaben“ die Sieger sein. Der so ermittelte „Würfelkönig“ darf sich ebenfalls etwas aus dem

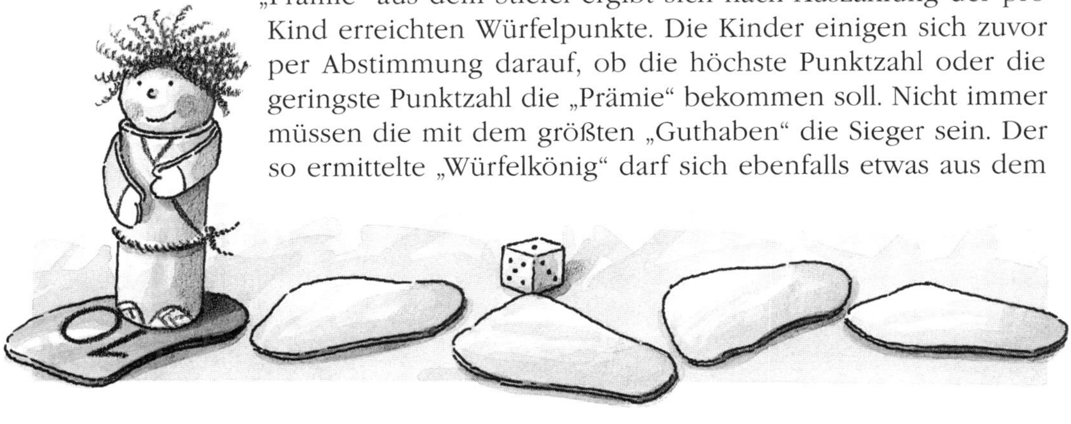

Stiefel aussuchen. Der restliche Inhalt findet bei der Zubereitung einer gemeinsamen Mahlzeit Verwendung – vielleicht in einem Obstsalat oder einem Kuchen, von dem alle etwas abbekommen.
Die Materialien des Spiels lassen sich am Ende leicht verpacken und für weitere Spielerunden immer wieder neu hervorholen. So bleibt die Geschichte von den Nikolausstiefeln noch lange im Spiel und Tun der Kinder lebendig.

Ein „etwas anderes" Schokoladenfest zum Nikolaustag

Vorüberlegung: Angesichts der prall gefüllten Stiefel, Adventskalender und Keksteller fällt es nicht schwer, Schokolade und Nikolaustag miteinander in Verbindung zu bringen. Was dabei jedoch häufig aus dem Blick gerät: Für Schokoladenprodukte, die uns als billige Massenware in der Vorweihnachtszeit angeboten werden, müssen in den Herkunftsländern nicht selten Kinder unter sklavenähnlichen Bedingungen auf Kakaoplantagen schuften. Die Geschichte von Afrem lässt sich unter diesem Aspekt deshalb nicht nur als historische Legende, sondern vielmehr als Hinweis auf die aktuelle Not von ausgebeuteten Kindern verstehen, die durch ungerechte Bedingungen auf dem Weltmarkt in den Teufelskreis von Armut, Analphabetismus und Verelendung geraten. Hier ist nicht nur die Hilfe eines Bischofs gefragt, sondern auch ein Überdenken von Lebens- und Konsumgewohnheiten in den reichen Ländern der Erde.
Produkte des fairen Handels, die in vielen Orten vor allem durch Weltläden, Kirchengemeinden und Initiativen der Agen-

da 21 angeboten werden, bieten eine beachtenswerte Alternative: Sie stehen für gerechte Handelsbedingungen, die mit fairen Preisen die Lebenssituation der Menschen in den Herkunftsländern und die dortige Infrastruktur verbessern helfen. Kindergartenkindern ist dieser Zusammenhang gewiss nicht in seiner ganzen Komplexität zu vermitteln. Auch ist es wenig hilfreich, bei jedem Stück Schokolade an die dafür leidenden Kinder zu erinnern.

Durchaus sinnvoll kann es jedoch sein, bereits in diesem Alter ein Bewusstsein für die Herkunft und Herstellungsweise unserer Nahrungs- und Genussmittel zu wecken, vom Leben in den Herkunftsländern zu erzählen und – auch den Eltern gegenüber – auf das Angebot von fair gehandelten Produkten, aufmerksam zu machen. Die Wertschätzung für die Kostbarkeit Schokolade und die Achtung und Wahrnehmung der damit verbundenen Arbeit taugt dabei eher als Ansatz als die für kleine Kinder nicht wirklich nachvollziehbare Warnung vor der „schlechten" Schokolade aus dem Supermarkt.

Ideen zur Ausgestaltung:

Vielleicht lässt sich in diesem Sinne zusammen mit einem Weltladen oder einer Agendagruppe vor Ort zum Nikolaustag ein „etwas anderes" Schokoladenfest im Kindergarten für groß und klein feiern: Mit selbstgebackenem Schokogebäck, heißem Kakao aus dem fairen Handel und einem Verkaufs- und Infostand mit fairen Schokoprodukten für Eltern.
Das Bilderbuch von den „Nikolausstiefeln" kann als Vorlesegeschichte in einem solchen Rahmen gut die Brücke schlagen zwischen dem Sinn des Festes und der Achtsamkeit für die Lebensbedingungen von Kindern heute in anderen Teilen der Welt.
Vorbereitend können sich die Kinder mit dem Leben in den Herkunftsländern wie auch mit der Plantagen- und Herstellungsarbeit von Kakao beschäftigen und ihre „Forschungsergebnisse" am Nikolaustag im Kindergarten präsentieren.

Hilfreiche praxiserprobte Anregungen und Materialien speziell zum Thema „Eine Welt im Kindergarten" bietet hierfür das Kindermissionswerk „Die Sternsinger" mit einer kostenlos zu beziehenden Zeitschrift wie auch mit Beratungsangeboten und Suchmöglichkeiten im Internet: Kindermissionswerk „Die Sternsinger", Stephanstr. 35, 52064 Aachen, Tel. 0241/4461-0, www.sternsinger.org

Tanz der Schuhe

Text: Susanne Brandt
Melodie: traditionell (nach dem Kanon: Große Uhren gehen tick tack)

Sebastian Tonner · Christa Unzner

Das Geheimnis der Heiligen Nacht

Erzählen & Entdecken

Maria und Josef sind auf dem Weg zur Volkszählung in ihre Heimatstadt. Die Reise ist beschwerlich, denn Maria ist schwanger und das Kind wird bald zur Welt kommen. Als sie spät in Betlehem eintreffen, bleibt ihnen als Herberge nur noch ein Stall in den Davidshöhlen. Plötzlich sehen einige Hirten, die in der Nähe ihr Schafe hüten ein Licht: Ein Engel verkündet ihnen die Geburt des Friedensbringers. Von einer großen Freude erfasst, laufen sie los, um das Kind zu suchen.

Poesie und Faszination des Geschehens

Die vertraute Weihnachtsgeschichte nach Lukas wird hier in einem ruhigen Erzählton zu ausdrucksvollen Aquarellen für Kinder nacherzählt. Nah an der biblischen Vorlage kommt dabei die ursprüngliche Poesie und Faszination des Geschehens klar und eindringlich zum Leuchten. Keine süßliche Sentimentalität schleicht sich in Text und Illustrationen ein. Keine gewollte Kindlichkeit in Wortwahl und Malstil verstellt die schlichte Aussagekraft der biblischen Bildersprache. Das Bilderbuch erweist sich so für Kinder (wie auch für Erwachsene!) als ästhetisch überzeugende und verlässliche Quelle, um sich in der verwirrenden Vielfalt weihnachtlicher Stimmungsmacher gemeinsam auf den wirklichen Grund der Freude zu besinnen.

Spielen & Gestalten

Weihnachtslandschaft mit Symbolen

Das Buch vermittelt Kindern die Geburtsgeschichte Jesu Bild für Bild in überschaubaren Erzählabschnitten. Aus diesen lassen sich viele Symbole herauslesen, die Platz finden können in einer Weihnachtslandschaft und den Kindern so das Geschehen noch einmal ganz sinnlich und buchstäblich begreiflich machen.

Dabei bleibt die Gestaltung der Landschaft eher schlicht, um die gelegten Symbole umso deutlicher sichtbar zu machen.

Landschaft gestalten: Die Kinder tragen zunächst einige Dinge zusammen, die der Landschaft ihre Form geben. Geknülltes Zeitungspapier als „Berge“, Verpackungsmaterialien und Bauklötzen werden auf einem dafür bereitgestellten kleinen Tisch arrangiert und verschwinden dann unter einem weich fließenden Tuch (Samt, Seide oder ähnliche Materialien in einem grünen oder braunen Erdton), das alles in eine „Berg-und-Tal-Landschaft“ verwandelt. In diese Landschaft hinein wird nun beim Vorlesen aus dem Bilderbuch Seite für Seite ein „Weihnachtsweg“ aus jeweils passenden Symbolen gelegt, z. B.:

- eine Rosenknospe für Marias Schwangerschaft und die Zärtlichkeit zwischen Maria und Josef,
- eine Münze für das Eintreiben der Steuern durch den Kaiser,
- ein kleines Stück Holz für die Zimmermannswerkstatt, die Josef zurücklassen muss,
- einen Stein für den beschwerlichen Weg, den die beiden zu gehen haben,
- einen Löffel für die Wirtin, die ihnen den Weg zur Höhle zeigt,
- einige Strohhalme für das Bett, das Maria ihrem Kind bereitet,
- eine brennende Kerze für das Licht, das den Hirten auf dem Felde erscheint,
- ein Stückchen Schafwolle für den Aufbruch der Hirten zum Stall,
- ein leuchtendes Windlicht aus Ton in Form einer Höhle für den Ort der Geburt,
- eine kleine Flöte als Zeichen dafür, dass die Botschaft von hier aus in die Welt hinein klingt.

Am Ende der Erzählung können die ausgelegten „Wegmarken" nun zum Anlass für vertiefende Gespräche werden.

Symbolerfahrungen:

Die Kinder erinnern sich anhand der Gegenstände an die Situationen oder Personen, die dadurch symbolisiert werden, gehen den Weg schauend, tastend und erzählend noch einmal nach, halten vielleicht fragend an einzelnen Punkten inne.
Bleibt die Landschaft über mehrere Tage in der Vorweihnachtszeit aufgebaut, lädt der Ort die Kinder immer wieder dazu ein, dem Weg der Geschichte mit Augen, Händen und Worten nachzugehen, sich erneut aus dem Bilderbuch vorlesen zu lassen und dabei dann selbst Seite für Seite die passenden Symbole auszulegen.

Bewegungslied für ein kleines Krippenspiel

Anknüpfend an die durch das Bilderbuch eingeführte Geschichte bietet das nachfolgende Lied einen überschaubaren Orientierungsrahmen für ein einfaches Krippenspiel zum Mitmachen. Die drei darin spielerisch zu gestaltenden Situationen - Weg zum Stall, Innehalten an der Krippe und fröhliche Verbreitung der Botschaft - lassen sich durch den Taktwechsel in der Melodie leicht voneinander unterscheiden:

Singen und Bewegen:

Die Fortbewegung hin zur Krippe und zurück drückt sich im dynamischen Vierertakt aus, während das Innehalten beim Kind durch den Dreiertakt an ein Wiegenlied erinnert. Entsprechend werden dazu die passenden Gesten und Bewegungen im freien Spiel von den Kindern dargestellt. Ein Einüben des Liedes mit den Kindern gelingt in Form des Echosingens besonders leicht: Dabei werden die kurzen Melodiepassagen jeweils einmal vorgesungen und dann von den Kindern nachgesungen. Auch ergeben sich für das Spiel mehrere Variationsmöglichkeiten, indem lediglich wenige Worte ausgetauscht werden: Anstelle der Hirten können auch andere Personengruppen zur Krippe wandern, die vielleicht durch die Hirten von der Botschaft erfahren haben: Mädchen und Jungen, Frauen und Männer, die drei Könige und wer immer den Kindern noch einfällt, lassen sich als Begriffe statt der Hirten einsetzen und mit entsprechender Rollenverteilung spielen. Auf diese Weise gelingt es, schnell eine große Zahl von Kindern - neben Maria und Josef, die an der Krippe den stillen Mittelpunkt des Geschehens bilden - aktiv in das Spiel einzubeziehen.

Auf dem Weg nach Betlehem

Text und Melodie: Susanne Brandt

D A D
flüs - tern, sie wund - ern sich so:
D A
Tief im Her - zen, da wer - den sie
D D
froh. Ruft und singt, dass es klingt:
G A D D
Frie - den kommt in un - sre Welt! Lauft hi - naus,
A D
tanzt und springt wie es euch ge - fällt.

Sven Nordqvist

Pettersson kriegt Weihnachtsbesuch

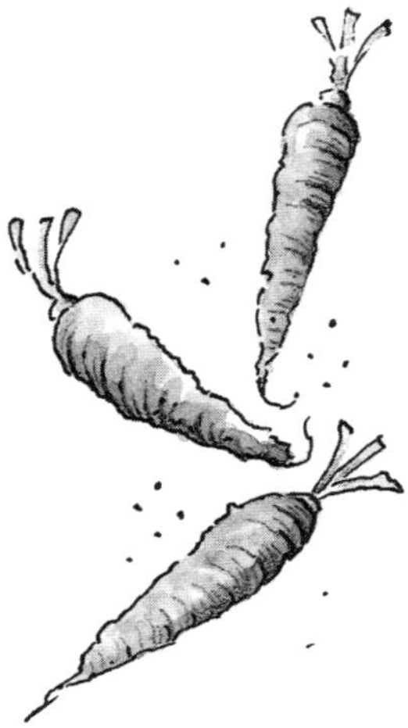

Erzählen & Entdecken

Der alte Pettersson und sein Kater Findus ziehen durch den dick verschneiten Wald, um einen Tannenbaum für das bevorstehende Fest zu holen. Es liegen erst einige Zweige im Schlitten, da passiert es: Pettersson stolpert über einen Stein, überschlägt sich – und muss mit verstauchtem Fuß nach Hause humpeln. An Weihnachtsbaum holen, Küche schrubben und Einkäufe machen ist nicht mehr zu denken!
Mit der Aussicht, zum Fest ohne Baum in einer schmutzigen Küche zu hocken und an alten Mohrrüben zu nagen, sehen beide traurigen Tagen entgegen. Doch schon bald kommt Besuch. Nachbarn schauen herein, bieten ihre Hilfe an, und auch Kater Findus bleibt nicht untätig hinterm Ofen sitzen: Er hilft Pettersson, aus den bereits gesammelten Tannenzweigen und einer alten Holzlatte als Stamm einen Weihnachtsbaum zu zimmern und holt aus Schubladen allerlei Krimskrams hervor, um daraus den Baumschmuck zu basteln. Den Nachbarn fällt es nicht schwer, etwas von ihren Festtagsvorräten abzugeben, und so füllt sich die Stube rasch mit Weihnachtsduft und fröhlichen Menschen.
„Was für ein schöner Heiligabend", kann Pettersson am Ende seinem Findus ins Ohr flüstern, während beide satt und glücklich am Kachelofen bei Kerzenschein den Tag ausklingen lassen.

Schauen und Schmunzeln

Die „Pettersson-und-Findus-Bücher" von Sven Nordqvist gehören bei Alt und Jung zu den „Rennern" auf dem Bilderbuchmarkt. Voller Situationskomik und reich an originellen Details laden die Bilder zum Schauen und Schmunzeln ein. In vielen Ecken spielen sich kleine „Nebengeschichten" ab. Die Fantasie des Autors scheint unerschöpflich zu sein – und beflügelt die Fantasie der Betrachterinnen und Betrachter.
Pettersson, die kauzige Hauptfigur und Findus, sein treuer Begleiter, haben immer wieder Pannen und Peinlichkeiten des

Alltags zu meistern. Unkonventionelle Lösungswege, mitunter sehr komische Ideen und oft eine überraschend sich auftuende Hilfe sorgen dafür, dass sich verfahrene Situationen am Ende doch noch zum Guten entwickeln - wenn auch vielleicht etwas anders, als ursprünglich geplant.
Den Zwängen und Ansprüchen unserer vorweihnachtlichen Geschäftigkeit wird durch dieses Buch eine gute Portion Improvisationstalent gegenübergestellt. Denn was passiert mit dem Fest, wenn nicht alle Wünsche in Erfüllung gehen, wenn etwas unser ausgeklügeltes „Timing" durchkreuzt, wenn das Haus nicht perfekt herausgeputzt ist und plötzlich Zutaten für den Sonntagsbraten fehlen? Solidarität, überraschende Vielfalt, geteilte Freude, unerwartete Begegnungen und neue Sichtweisen - so etwa lautet die Antwort und „Weihnachtsbotschaft" des Buches.

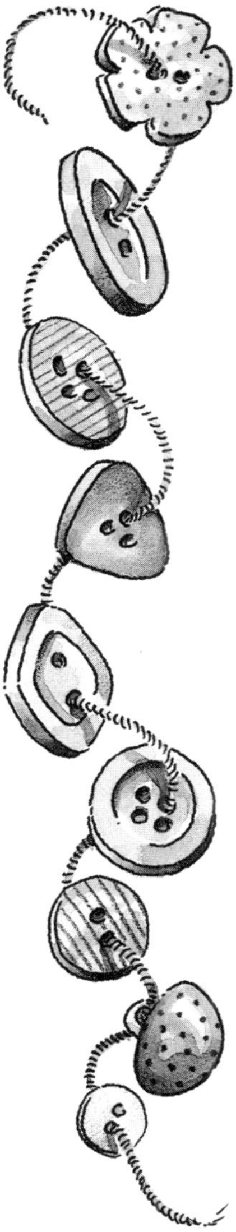

Spielen & Gestalten

Weihnachtsbaumschmuck mal etwas anders

Auch wenn das „Outfit" des Weihnachtsbaumes angeblich in jedem Jahr Trends unterworfen ist, die durch Zeitschriften und entsprechende Warenangebote die Gunst der Käuferinnen und Käufer suchen - manchmal reicht schon ein Griff in die Schublade, um die Tanne in festlichem Glanz erstrahlen zu lassen. Für einen Weihnachtsbaum „a la Pettersson" werden nämlich Krimskrams und Materialreste, für die es sonst keine Verwendung mehr gibt, zu neuem Leben erweckt: Knöpfe an bunten Wollfäden, Girlanden aus bemalten Korken, Figuren aus Papierresten, Sterne aus Strohhalmen und Alufolie - der Fantasie sind keine Grenzen gesetzt! Besonders viel Spaß macht es, wenn die „Baumschmuck-Werkstatt" zur Gruppen-Aktion wird, bei der jeder etwas aus Kramschubladen und Kellerkisten von zu Hause mitbringt und aus der vielfältigen Materialauswahl originelle Neukreationen entstehen können.

Lied: „Weihnachtsgäste"

Gesungen nach einer schwedischen Weihnachtsmelodie, bringt das Lied „Weihnachtsgäste" eine entscheidende Erfahrung aus

der Geschichte zur Sprache: Ein Fest wird zum Fest, wenn Gäste kommen und jeder etwas zum gemeinsamen Feiern mitbringt. Was kann das alles sein? Mit eigenen Einfällen für verschiedene „Mitbringsel" werden weitere Strophen dazugedichtet.
Ein Tipp: Das „Festlied" lässt sich auch zu anderen Anlässen – unabhängig von Weihnachten und Pettersson – singen, wenn in der letzten Zeile das Wort „Weihnachtslaune" z. B. durch „gute Wünsche" ersetzt wird (Lied siehe Seite 65).

Pettersson als Bühnenstück

Rollenspiel: „Pettersson kriegt Weihnachtsbesuch" kann ohne viel Aufwand auch (vor-)gespielt werden. Schauplatz des Geschehens ist eine ziemlich unordentliche Stube, die mit Tisch, Stuhl und vielerlei zusammengetragenen Haushaltsgegenständen fantasievoll ausgestaltet werden kann. Neben den Hauptdarstellern „Pettersson und Findus", die durch charakteristische Kleidungsstücke wie Hut, Mütze, grüngestreifte Katerhose und Pettersson-Weste leicht als solche zu erkennen sind, können beliebig viele Mitspieler und Mitspielerinnen als hilfsbereite Nachbarn ins Spiel kommen. Handlungsverlauf und Sprechtexte ergeben sich aus dem Buch, wobei eher die Freude am Spielen und Improvisieren als das perfekte Einstudieren vorgegebener Rollen im Vordergrund stehen sollte. Vielleicht wird am Ende ein etwas anderes Weihnachtsspiel für Kirche oder Kindergruppe daraus, in dessen Verlauf der Kirchen- oder Gemeindehaus-Weihnachtsbaum tatsächlich auf „Pettersson-Art" geschmückt wird.

Weihnachtsgäste

Text: Susanne Brandt; Melodie: traditionell nach einem schwedischen Weihnachtslied

Martin Baltscheit

Die Geschichte vom Löwen, der nicht schreiben konnte

Erzählen & Entdecken

Eigentlich hat es den Löwen bisher nie gestört, dass er nicht schreiben kann. Denn mit lautem Brüllen und scharfen Zähnen lässt sich ja immerhin (fast) alles erreichen. Das ändert sich, als der Löwe eine lesende Löwin trifft. Wie gern würde er die näher kennen lernen! Weil aber die Dame nicht nur bezaubernd, sondern offenbar auch sehr gebildet ist, muss ein anständiger Brief her - und jemand, der diesen Brief in seinem Auftrag schreibt. Doch ob er nun den Affen oder das Nilpferd, den Käfer oder die Giraffe um Hilfe bittet - sie alle bringen zwar ihre persönliche Vorstellung von einem passenden Liebesbrief gewissenhaft und fehlerfrei zu Papier, treffen damit aber niemals das, was der Löwe eigentlich sagen möchte. Es ist die verehrte Löwin selbst, die den verzweifelten Verehrer am Ende aus seiner peinlichen Situation heraus hilft. Charmant und klug bringt sie ihm die ersten Buchstaben bei: A wie Anfang...

Geheimnisvolle Welt der Schrift

Schon vor Beginn der Schulzeit erwacht bei vielen Kindern das Interesse daran, die geheimnisvolle Welt von Schrift und Zeichen zu entschlüsseln. Genau hier setzt dieses Bilderbuch an. Seine witzig und kindgerecht transportierte Botschaft heißt: Schreiben ist ein hilfreicher, oft unverzichtbarer Weg, um mit anderen in Beziehung zu treten und dabei die eigenen Gedanken, Empfindungen und Vorstellungen einfühlsam und gut durchdacht zum Ausdruck zu bringen. Vor allem wenn es um sehr persönliche oder bedeutsame Dinge geht, bei denen jedes Wort treffend gewählt sein will, lässt sich beim Schreiben manches differenzierter und leichter sagen, als in der mündlichen Kommunikation. Auch kann dem Adressaten mit einem sorgfältig verfassten Brief in besonderer Weise Achtung und Respekt entgegen gebracht werden.
Genau diese Erfahrung macht der Löwe in der Geschichte: Zum Schreiben eines Liebesbriefes kommt es eben nicht nur auf die

Fähigkeit an, Buchstaben in sinnvoller Reihenfolge aufs Papier zu setzen. Vielmehr geht es darum, mit den gewählten Worten den richtigen Ton zu treffen. Und diesen Ton kann niemand anderes finden, der nicht so fühlt und empfindet wie er selbst. Der Autor versteht es geschickt, diese grundlegende Erkenntnis von der Individualität und Sensiblität des sprachlichen Ausdrucks, die letztendlich auch einen Schlüssel für den Zugang zur Literatur darstellt, in klare und vor allem humorvolle Bilder zu packen. Bereits die jüngeren Kindergartenkinder finden sich leicht zurecht in der Wiederholungsstruktur der Szenenfolge, haben Vergnügen an der sich steigernden Wut des Löwen über all die misslungenen Schreibversuche und freuen sich am Ende mit über die freundliche Zuwendung, die die Löwin ihrem Verehrer schenkt. Wie ließe sich eine Liebeserklärung ans Schreibenlernen charmanter und motivierender zu Papier bringen?

Spielen & Gestalten

Die Geschichte mit Handpuppe und Briefen erzählen

Soll die Geschichte vor einer größeren Gruppe eingeführt werden, bietet es sich an, dies in Form eines kleinen Handpuppenspiels zu tun.

Material:

- zwei Löwenhandpuppen (aus dem Spielwarenhandel oder auch selbst zu basteln oder zu nähen); die „Dame" erkennbar an einer (z.B. aus Draht gebogenen) Brille auf der Nase
- Brieftexte der verschiedenen Tiere aus dem Buch auf einzelnen Briefbögen abgeschrieben oder kopiert und in einen Briefumschlag gesteckt (eine Briefmarke mit der Abbildung des jeweiligen Tieres - siehe dazu die Illustrationen des Innendeckels im Buch - lässt nach außen erkennen, von welchem Tier welcher Brief kommt)
- ein großer Korb (passend zur Herkunft der Tiere z.B. ein afrikanischer Bolga-Korb), der sich leicht über den Arm hängen lässt, so dass die Hände zum Spiel mit den Figuren frei bleiben und gleichzeitig freie Bewegungen im Raum von Kind zu Kind möglich sind. In diesem Korb finden alle Utensilien unauffällig Platz und lassen sich nach und nach „hervorzaubern".

Erzählen mit Figuren: Mit diesen Utensilien ausgestattet wird nun die Bilderbuch-Geschichte frei nacherzählt. Dabei lässt die Erzählerin oder der Erzähler den Löwen als Handpuppe zu den Kindern sprechen. Diese erfahren so, wie andere Tiere dem Löwen beim Schreiben helfen - und mit jedem Brief, den der Löwe neugierig aus dem Korb zieht, tritt auch ein Ergebnis der diversen Briefversionen zutage. Am Ende dann kommt es endlich zur Begegnung mit der verehrten Löwendame (die nun ebenfalls als zweite Handpuppe dem Korb entsteigt). Ein kleiner Dialog zwischen beiden Puppen beginnt - und für die Kinder ergeben sich nun viele Möglichkeiten, je nach Alter an diese Geschichte anzuknüpfen.

Von wem könnte dieser Brief geschrieben sein?

Auch wenn die Kindergartenkinder noch nicht selbst schreiben können - sie können sich bereits im Kopf Formulierungen überlegen, die - ganz ähnlich wie in den Beispielbriefen des Bilderbuches - tauglich wären, in einem Liebesbrief zu stehen. Dazu schlüpfen die Kinder in geheime Tierrollen.

Rollenspiel: Was würde eine Schildkröte schreiben? Oder wie würde ein Elefant seine Geliebte umwerben? Oder ein Regenwurm?
Genau wie die Schreibversuche der Tiere im Bilderbuch, die sich in ihrer inhaltlich wie sprachlich klaren Struktur dank der vielfachen Wiederholungen leicht einprägen, so sollten auch die von den Kindern in ihren Rollen erdachten Briefe etwas vom Lebensraum, der Bewegungsweise und Ernährungsform des jeweiligen Tieres zu erkennen geben. Ein „Frosch" könnte sich dann zum Beispiel folgenden Brieftext ausdenken:
„Liebste Freundin, wollen Sie mit mir im Sumpf hocken? Ich fange Ihnen sogar ein paar fette Fliegen. Total lecker!"
Es wäre also wichtig, dass die Kinder bereits über gewisse Grundkenntnisse aus der Tierwelt verfügen oder aber angeregt

durch das Bilderbuch neu vermittelt bekommen. Sprachliche und naturkundliche Elementarbildung ergänzen sich hier in idealer Weise.

Ratespiel: Ein Ratespiel wird daraus, wenn das Kind seine erdachte Tierrolle den anderen nicht verrät und diese anhand des Inhaltes (Lebensraum, Bewegung, Nahrung) raten müssen, welches Tier einen solchen Brief wohl schreiben könnte.

Einfache Variante: Erweist es sich für die Kinder noch als zu schwierig, die Eigenschaften des erdachten Tieres selbstständig in Briefsprache zu formulieren, so kann die Aufgabe auch darin bestehen, gemeinsam einen Liedtext nach folgendem Muster zu vervollständigen:

„Willst du mit mir im/in der ... leben?
Ich würde dir auch von meinem/meiner ... abgeben.
Aber nein! So etwas fällt auch nur einem/einer ... ein!“

Dabei tragen die Kinder in der Gruppe gemeinsam die passenden Begriffe (Lebensraum, Nahrung und dazu passende Tierart) zusammen, um aus dem Lückentext immer wieder neue in sich stimmige Strophen zu formulieren.
Die Erfahrung, selbst mit eigenen Einfällen schöpferisch mitzuwirken an der Fortschreibung eines Textes, wirkt für die Kinder sehr motivierend. Ein solches Erfolgserlebnis erfährt durch die eingängige Melodie noch eine zusätzliche Aufwertung. Doch lässt sich das Textmuster selbstverständlich auch „nur“ als „Gedicht zum Mitdichten“ verwenden (Lied siehe Seite 71).

Laufspiel „Urwald-Post“

Wo Briefe geschrieben werden, muss es auch Tiere geben, die als Postboten sogar im Urwald unterwegs sind - wie bei folgendem Bewegungsspiel:

Material:
- Briefumschläge nach Anzahl der Kinder (zugesteckt, aber nicht verklebt), bestückt mit gefalteten Briefbögen, die jeweils das Bild eines Tieres mit markanter Forbewegungsart enthalten;
- zwei leere Kartons als Postfächer

So wird gespielt: Nach dem Spielprinzip einer Laufstaffel werden zwei Gruppen mit gleicher Kinderzahl gebildet, die sich als zwei parallele Mannschaftsreihen an einer Startlinie hintereinander aufstellen. Ihnen gegenüber in ausreichend großem Abstand steht ein Tisch mit zwei Postfächern. Das eine Fach ist mit einem Schlitz versehen, der die auszuliefernde Post aufnimmt. Das andere Fach ist offen und enthält jene Briefe, die dem nächsten Läufer übergeben werden sollen.

Mit Spielbeginn erhalten die jeweils ersten Läufer einer Mannschaft vom Spielleiter einen der Briefe ausgehändigt. Diese dürfen erst nach dem gemeinsamen Startsignal geöffnet werden. Die Kinder falten das Blatt auseinander, erkennen das dargestellte Tier, falten das Blatt wieder zusammen, stecken es in den Umschlag zurück und versuchen jetzt, so schnell wie möglich damit zum Briefkasten zu kommen - und zwar, indem sie jeweils die Fortbewegungsart des in ihrem Brief gezeigten Tieres imitieren (also hüpfen wie ein Frosch, watscheln wie eine Ente etc.). Beim Briefkasten angekommen, wird der Brief in den dafür vorgesehenen Schlitz gesteckt und ein neuer verschlossener Brief aus dem Postfach gezogen. In gleicher Weise wie auf dem Hinweg geht's nun zurück, um den Brief dem nächsten Läufer der Mannschaft zu überbringen. Dieser schaut hinein, steckt die Nachricht in den Umschlag zurück und bewegt sich damit ebenfalls „nach Tierart“ zum Briefkasten. Die Gruppe, die als erste alle Läufer ins Rennen geschickt hat, ist Sieger.

Das Wettspiel fördert nicht nur verschiedene Bewegungsarten, verbunden mit dem Wissen über das Verhalten von verschiedenen Tieren, sondern beinhaltet ebenso Übungsmöglichkeiten für elementare Handgriffe wie z.B. Briefbogen so falten, dass er in einen Umschlag passt.

Willst du mit mir im Gemüsebeet leben

Text und Melodie: Susanne Brandt

Weitere Textbeispiele:
Willst du mit mir im *Keller** leben?
Ich würde dir von meinem *Käse* abgeben!
Aber nein! Aber nein! Sowas fällt auch nur einer *Maus* ein.

Willst du mit mir im *Badesee* leben?
Ich würde dir von meinen *Würmern* abgeben!
Aber nein! Aber nein! Sowas fällt auch nur einem *Fisch* ein.

*Je nach Silbenzahl der eingesetzten Wörter (siehe kursiv) werden die Notenwerte an dieser Stelle gegebenenfalls verlängert oder verkürzt.

Astrid Lindgren

Die Elfe mit dem Taschentuch

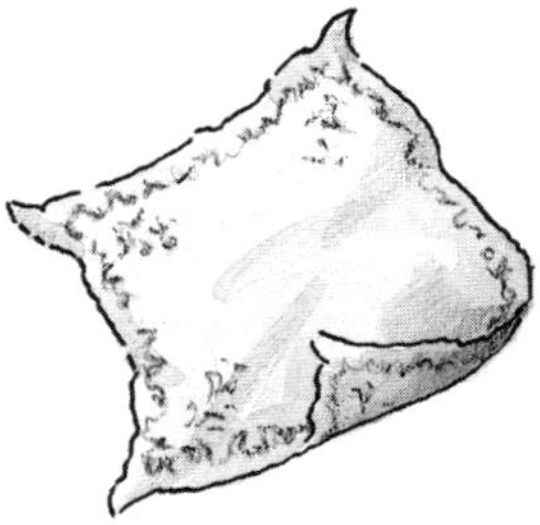

Erzählen & Entdecken

Lena bekommt von ihrer Tante zum Geburtstag ein ganz besonders schönes Spitzentaschentuch. Gut aufpassen will sie auf diese Kostbarkeit.
Doch da geschieht nachts etwas Seltsames: Eine kleine Elfe, weinend und nackt, sitzt plötzlich auf Lenas Fensterbrett. Ihr Kleid, so erzählt sie schluchzend, sei im Rosenbusch hängengeblieben und zerrissen. Doch damit nicht genug: Gerade heute soll bei Mondschein im Garten der große Ball des Elfenkönigs stattfinden. Eine Königin will er sich suchen. Aber ohne Kleid ist an einen Ballbesuch natürlich nicht zu denken.
Da fällt ihr Blick plötzlich auf das sorgsam gefaltete Spitzentaschentuch. Was wäre das für ein festliches Gewand! Lena zögert nicht, der Elfe in ihrer Not zu helfen. Augenblicklich verwandelt sich das feine Stück Stoff in ein schwingendes Kleid, in dem die Elfe nun überglücklich davonschwebt. Aber auch Lena hält nun nichts mehr in ihrem Bett. Sie schlüpft hinaus in den Garten und schaut dem festliche Treiben auf der Wiese vom Apfelbaum aus zu. Gut möglich, dass ihr Taschentuch bald das Kleid einer Elfenkönigin ist!

Magische Fantasiewelt

Die Kunstmärchen von Astrid Lindgren zählen zu den Klassikern der Kinderliteratur. Anders als in den Alltagsgeschichten aus Bullerbü oder Saltkrokan geschieht hier ein ganz natürlicher Übergang in eine magische Fantasiewelt. Es ist die Welt der Elfen und Trolle, typische „Bewohner" der schwedischen Volksmärchen und -sagen. Doch Astrid Lindgrens Märchen sind keine Nachahmung dieser volkstümlichen Stoffe. In ihrer ganz besonderen Art, die Wünsche und Visionen von Kindern zu beschreiben und ernstzunehmen, sind es vor allem typische „Astrid-Lindgren-Geschichten":
Staunen und Achtsamkeit auch für Fremdes und Ungewöhnliches, Lachen und Weinen, Abenteuer und Geborgenheit, Offenheit, Vertrauen und die Bereitschaft, unmittelbar und nicht

berechnend zu handeln – so etwa lässt sich benennen, was wie ein „roter Faden der Menschlichkeit" die Bücher der beliebten Autorin durchzieht. Auch Kummer und Freude, Neugier und Behutsamkeit in diesem Märchen sind von einer solchen menschlichen Grundhaltung geprägt. Mit Liebe und Leichtigkeit erzählt, nicht pädagogisch belehrend oder moralisierend, vermittelt das Märchen den Zauber und die Zartheit der Elfenwelt, ohne den Bezug zur Wirklichkeit des Kindes zu verlieren.

Spielen & Gestalten

Taschentuch-Marionetten

Material: Taschentücher bzw. Stoffreste und etwas Spitze zum Verzieren, Bindfaden und Nylonschnur, Styropor-Kugel oder Watte zum Ausstopfen des Kopfes, evtl. Wollreste, Goldfäden, Filzstifte zur Gestaltung von Haaren und Gesicht, (Gardinen-)Holzring o.ä. als Halterung für die Führungsfäden an Armzipfeln und Kopf.

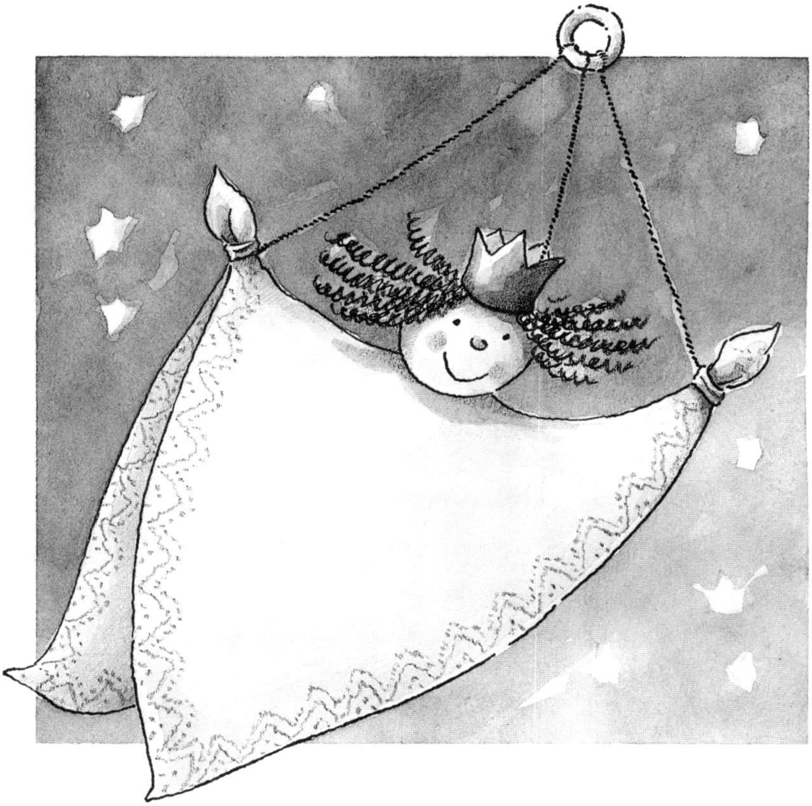

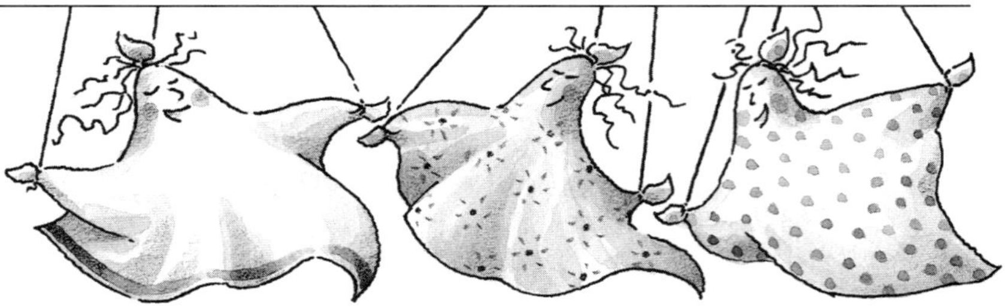

Spiel zur Musik: Quadratische Tücher aus dünnem Stoff (Taschentücher bzw. aus geeigneten Stoffresten passend zuzuschneiden) lassen sich leicht in „schwebende Elfen-Marionetten" verwandeln, mit denen sich das Tanzen und Feiern der Elfen beim nächtlichen Gartenball fantasievoll nachspielen lässt.
Die dafür passende Musik kommt durch schwedische Volksweisen der nachfolgenden Lieder (mit Blockflöte, Gitarre, Akkordeon etc. leicht zum Klingen zu bringen) ins Spiel. Alternativ dazu eigenen sich auch andere Musikstücke (z. B. die „Lyrischen Stücke" von Edvard Grieg als Tonträger-Aufnahme oder Klavierspiel „live") als Elfen-Tanzmusik.

Schwedische Elfenlieder zum Spielen, Tanzen und Singen

Abgesehen von der Möglichkeit, die Elfen-Marionetten tanzen zu lassen, können sich Kinder auch selbst mit großen Tüchern als Elfen verkleiden und die Lieder mit Bewegungen gestalten (Lied siehe Seite 75).

Tanzbeschreibung: Aufstellung im Kreis. Alle – bis auf ein Kind, bei dem das Tuch fehlt – schwenken zur Musik der 1. Strophe ein Taschentuch. Das Kind ohne Tuch macht sich nun auf den Weg, um sich von einem anderen Kind sein Tuch schenken zu lassen. Mit dem geschenkten Tuch tanzt es nun in der Kreismitte zur 2. Strophe. Ein zuvor bestimmter König des Kreises tritt nun hervor und führt die Elfe aus der Kreismitte feierlich als Braut hinaus. Dabei heben zwei nebeneinander stehende Kinder an einer Stelle im Kreis ihre Arme zu einem Tor, durch welches das Paar nun gehen kann. König und Königin laufen dann außen um den halben Kreis herum und reihen sich an der gegenüberliegenden Seite wieder in den Kreis ein. Das Kind, das eben sein Taschentuch verschenkt hat, darf sich nun als Elfe von einem anderen Kind ein neues Tuch schenken lassen. Damit geht das Spiel wieder von vorn los. Bei mehreren Durchgängen kann die Rolle des Königs immer wieder neu vergeben werden.

Elfentanz

Text: Susanne Brandt
Melodie: traditionell aus Schweden

2. Aus dem Tuch wird rasch ein Kleid,
schnell ist sie verschwunden.
Seht nur, seht – da dreht sie schon
glücklich ihre Runden.
Elfenkönig schaut sich um,
hat die schönste Königin
bald für sich gefunden.

Draußen im Garten

Gestaltungsvorschlag: Der Text dieses Liedes regt zu entsprechenden Bewegungen (Kopf wiegen, Arme schwingen, Beine schütteln etc.) an, wobei neue Strophen mit weiteren Text- und Bewegungsideen beliebig ergänzt werden können.
Als Begleitung lassen sich zudem passende Instrumente für „klingende Glockenblumen“ einsetzen (z.B. Glockenspiel, diverse Handglocken, Klangstäbe aus Metall, Schellen)

Draußen im Garten

Text: Susanne Brandt
Melodie: traditionell aus Norwegen

2. Sag' mir, wie tanzen die Elfen bei Nacht,
draußen in unserm Garten?
Wiegen die Köpfchen beim ersten Ton,
können es kaum erwarten.
Hört es klingt noch die Musik
von hellen Glockenblumen.

Weitere Strophen lassen sich bilden, wenn für die dritte Zeile weitere „Elfenbewegungen" gefunden werden:
z. B. ...schwingen die Arme...
...schütteln die Beine...
...heben die Hände...

Susanne Brandt

Hörst du die Muscheln tuscheln?

Erzählen & Entdecken

Die Geschichten, die dieses kleine Fotobilderbuch erzählt, wollen wie Strandgut gefunden werden.
Spuren dahin werden durch kleine Verse gelegt, die den enthaltenen Muschelbildern bedeutungsvoll zugeordnet sind. Sie lassen ahnen, wie bereits Kinder im Kindergartenalter (und Erwachsene ebenso) am Strand „lesen" können: Da hat das Meer zwei Muscheln so „in Form gewaschen", dass ihre Gestalt an Ohrmuscheln erinnert. Welche Geräusche mögen diese „Ohren" wohl aus der Tiefe des Meeres mitgebracht haben? Da glänzt am Flutsaum eine rosa Kammmuschel schön wie der Fächer einer feinen Dame. Haben die Quallen vielleicht ein Fest gefeiert, bei dem das kostbare Stück verloren ging? Da hat sich eine winzige Schnecke in eine Muschelschale gelegt und schaukelt dort sanft wie ein Baby in einer Wiege hin und her. Ob sie dort wohl zu Hause ist?

Stille Momente der Poesie

Geschichten, die aus solchen stillen Momenten der Bild- und Sprachpoesie herauszulesen sind, erschließen sich nicht dem flüchtigen Blick. Sie setzen die Bereitschaft voraus, für eine Weile innezuhalten, sich einzulassen auf die Stimme der Natur, hinter das Sichtbare zu schauen, zwischen den Zeilen zu lesen, den einfachen Dingen mehr zuzutrauen, als das, was der oberflächliche Eindruck zu erkennen gibt.

Am Ende tuscheln die Muscheln „von wunderbaren Sachen, die wir zusammen machen" und treffen sich dazu in einer bunt gemischten Runde mit ganz verschiedenen „Typen" am Strand. Was haben sie vor? Was passiert gleich? Der Aufforderungscharakter teilt sich auch hier unmissverständlich mit: Jetzt sind die Kinder eingeladen, mit Fantasie und Spiellust dem „Bilderbuch der Natur" immer neue Seiten zu entlocken, sich anregen zu lassen zum gemeinsamen Spielen am Strand. Einige Spielvorschläge liefert das Bilderbuch in seinem hinteren Teil gleich mit.

Spiel mit einfachen Dingen

An solche „Spiele mit den einfachen Dingen“ haben einige Erwachsene vielleicht ähnliche Erinnerungen aus der eigenen Kindheit: Da erwies sich zum Beispiel die Dose mit den bunt gemischten „Ersatzknöpfen“ im Nähkorb als eine unerschöpfliche Quelle der Fantasie. In einer Zeit, als die Spielzeugausstattung in den Kinderzimmern noch eher bescheiden ausfiel, waren die Sinne geschärft für das Spielpotenzial, das in allen Ecken des Haushaltes schlummerte. Dieses Sammelsurium an Knöpfen, immer wieder auf den Tisch oder Fußboden gekippt, sortiert und gelegt zu verschiedenen Formationen, wurde zur Inspirationsquelle zahlloser Geschichten oder Spiele nach selbst erfundenen Regeln: Welche beiden Knöpfe könnten befreundet sein? Wen besuchen sie heute? Wie sieht es dort im Knopfhaus aus? Und was kommt mittags auf den Knopfteller?

Doch man muss gar nicht die Nostalgie alter Kinderspiele bemühen, um zu erkennen, dass weniger oft mehr ist: weniger Vorgaben an Regeln und Handlung, weniger „perfektes“ Spielzeug bringt ein Mehr an Fantasie, Kreativität und Spielvarianten hervor. Das ist heute kaum anders als früher. Und das funktioniert mit Muscheln wie mit Knöpfen, mit Steinen wie mit Stöckchen, mit leeren Pappkartons wie mit abgebrannten Streichhölzern.

Es gilt also – und das ist heute vielleicht wichtiger als zu Zeiten, da Kinder noch viel selbstverständlicher in den einfachen Dingen des Hauses wie der Natur ihr Spielmaterial fanden – die einfachen, unfertigen Dinge wieder häufiger „ins Spiel“ zu bringen. „Spielzeugfreie Zeiten“, wie sie in manchen Kindergärten bereits hin und wieder durchgeführt werden, zielen ebenso in diese Richtung wie eben auch dieses kleine Muschelbuch:

Impulse zum Weiterdenken

Keine fertigen Geschichten, keine bis ins Detail ausgemalten Bilder haben die Seiten zu bieten, sondern lediglich Bild- und Sprachimpulse zum Weiterdenken und Selbsterzählen, zum Muschelnsammeln, zum Legen von eigenen Bildern, zum Erfinden eigener Spiele.

Und nicht zuletzt erzählt die Kamera, die dem Strand mit scharfem Auge gerade die eher verborgenen Schönheiten zu entlocken weiß: Seht genau hin! Schaut auf jedes Detail! Nichts ist nur hässlich oder wertlos! Auch eine zerbrochene Schale kann sich als kleine Kostbarkeit erweisen.

Eine solche Haltung der Achtung und Wertschätzung, übertragbar auf die Beziehung zu anderen Menschen wie zu sich selbst und zum Leben insgesamt mit all seinen Brüchen und Unebenheiten ist hier gewiss mit „in den Blick genommen“ – und wird sich so auch in die eine oder andere Geschichte der Kinder „einschleichen".

Spielen & Gestalten

Zu einem Buch, das so auf die Fantasie, Kreativität und Entdeckerfreude der Kinder setzt, sind vor allem Umsetzungen gefragt, die den Kindern helfen, ihre eigenen Ideen zu entwickeln, zu entfalten und auszudrücken.

Ausflug in die Natur

Wenn möglich, sollte hier zunächst einem Ausflug zum Muschelsammeln am Strand viel Zeit eingeräumt werden. Denn wo klingt die „Sprache" der Muscheln schöner, natürlicher und vielfältiger als dort, wo die Natur sie zu immer wieder neuen Bildern an Land spült? Ist ein solcher Ausflug vor Ort oder im näheren Umkreis nicht zu verwirklichen, so lassen sich andere Wege finden, zumindest eine Muscheldose mit „Strandschätzen" für die Sandkiste im Kindergarten zu beschaffen: Vielleicht bringen Kinder, Kollegen oder Nachbarn aus dem Urlaub gesammelte Muscheln dafür mit. Folgende Ideen zeigen einige von vielen Spiel- und Gestaltungsmöglichkeiten auf, die sich drinnen wie draußen damit probieren lassen:

Muschelbilder aufnehmen und verändern

Angeregt durch ausgewählte Fotos aus dem Bilderbuch können Kinder die dort gezeigten Formationen mit den Muscheln aus ihrer Sammlung nachlegen oder nach eigenen Vorstellungen variieren. Der dazu gesprochene Vers aus dem Buch lässt sich als Anstoß für eine Geschichte lesen und verstehen, die mit dem Bild ihren Anfang nimmt und mit Veränderung des Bildes eine Fortsetzung findet.

Ein Beispiel:

Das Foto von einer lang aufgereihten „Muschelschnur" wird mit Muscheln auf dem Boden nachgelegt. Eine Geschichte, die von diesem Ausgangsbild her leicht zu entfalten ist, nimmt mit dem dazugehörigen Vers aus dem Buch einen spannenden Anfang: „Hörst du die Muscheln tuscheln? Von langen Zauberschnüren. Wer ahnt wohin die führen!" Wohin also führt vielleicht diese Zauberschnur? Zu einem Schatz, den einst ein Pirat am Strand vergraben hat? Zu einer geheimen Höhle? Vielleicht ins Wasser, wo die Meereszauberin lebt?

Die Kinder selbst bestimmen die Richtung, in die ihre Zauberschnur und damit auch ihre Geschichte gehen soll. Sie erzählen die Geschichte weiter - und sie verwandeln passend dazu die Zauberschnur in immer wieder neue Muschelbilder: Mit wenigen Handgriffen wird die Muschelreihe zur Fischform verändert. Damit ist vielleicht angedeutet, dass die Spur ins Wasser führt. Die daraus bald entstehende neue Form erinnert plötzlich an ein Tor. Vielleicht der Eingang zu einer Grotte?

Nach diesem fortlaufenden Prinzip lassen sich in der Gruppe gut Erzählrunden gestalten: Dazu sitzen die Kinder um das Muschelbild herum im Kreis. Ein Kind beginnt, den vorgegebenen Einstiegsvers aus dem Buch zum Ausgangsbild weiterzuspinnen. Nach ein paar Sätzen verändert das nächste Kind im Kreis das Muschelbild zu einer neuen Form und erzählt passend dazu die Geschichte weiter. Dann setzt das nächste Kind im Kreis die Geschichte wiederum mit einem neuen Bildimpuls fort. Es kann verabredet werden, dass die Geschichte ein Ende finden soll, wenn sie den Kreis genau einmal durchlaufen hat.

Handgestenspiel zu gesungenen Versen

Erzählen mit allen Sinnen

Einige der gezeigten Muschelbilder lassen sich auch als Handgestenspiel darstellen. Die Hände der Kinder verwandeln sich dabei in Muschelschalen, richten sich als „lauschende Ohren" auf, verbinden sich zu einer „Zauberschnur", kuscheln sich wie ein „Baby in der Wiege" zusammen, finden als „Liebespaar" zueinander oder beginnen, miteinander zu spielen. So werden zusätzlich Bewegungsfantasien, Koordinationsvermögen und Körpererfahrungen mit in den kreativen Prozess des „Erzählens mit allen Sinnen" integriert. Besonders wenn die Kinderrunde so groß ist, dass nicht alle Kinder gleichzeitig das Muschelbild betrachten oder mitgestalten können, bietet sich das Handgestenspiel als ergänzende Umsetzungsform an. Wieder sind es ausgewählte Verse aus dem Buch, die hierfür die Impulse liefern. Diese können den Kindern auch singend vermittelt werden und sich so besonders motivierend auf die Bewegungslust übertragen (siehe Lied Seite 83f).

Ein Muschelbuch selber basteln

Ohne großen Aufwand lassen sich Vorlagen für kleine Muschelbücher zum Selbstgestalten vorbereiten.

Material: Pro Buch wird ein Bogen DIN-A4-Zeichenkarton in der Mitte zu einem Mäppchen in DIN-A5-Format gefaltet. Darauf wird nun als Schnittlinie die Form einer großen Kammmuschel so übertragen (siehe Skizze), dass durch Ausschneiden eine aufklappbare Muschel entsteht, deren Hälften an der geschlossenen Kante des gefalteten Blattes fest miteinander verbunden bleiben.

Gestaltung: Die Kinder haben nun alle Freiheiten, dieses Muschelbüchlein nach ihren Vorstellungen zu gestalten. Sie können außen die Schale bunt bemalen und im Innern zum Beispiel eine Figur oder Szene zu einer Geschichte zeichnen, die ihnen vielleicht in der Erzählrunde zu den gelegten Muschelbildern eingefallen ist. Solche kleinen Muschelbücher wirken sehr geheimnisvoll, wenn man sie wie einen kostbaren Schatz öffnet und das Bild im Innern ganz behutsam ans Licht bringt.

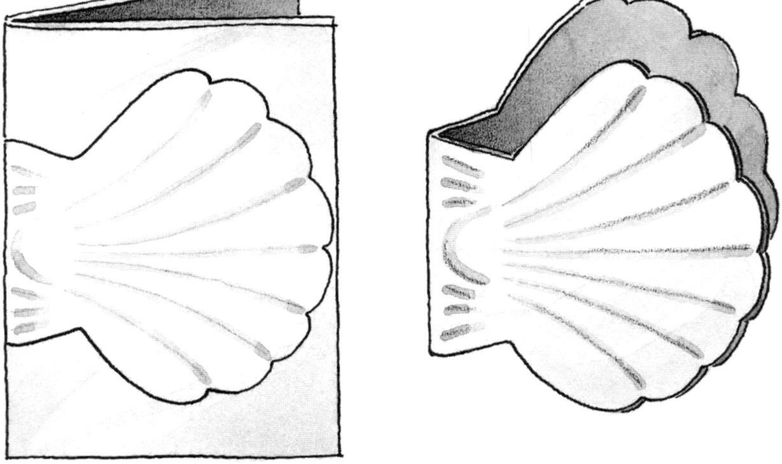

Hörst du die Muscheln tuscheln?

Text und Melodie: Susanne Brandt

Die Wiederholung des Kehrverses wird jeweils von den Kindern wie ein leises Echo nachgesungen. Bei dem Kehrvers am Schluss jeder Strophe führen sie dazu die Bewegungen aus, die ihnen jeweils zu den Textzeilen in der Mitte mit den Händen vorgemacht und anschließend als Muschelbild gelegt werden.

Bewegung zur 1. Strophe: Hände legen sich „lauschend" hinter die Ohrmuscheln

2. Hörst du die Muscheln tuscheln?
   (Hörst du die Muscheln tuscheln?)
   Von Nestern, wo die Kleinen
   gut liegen, wenn sie weinen.
   Hörst du die Muscheln tuscheln?
   (Hörst du die Muscheln tuscheln?)

Dazu als Bewegung: Eine Hand wird zum Nest, die andere Hand macht sich „klein“ und legt sich dort hinein

3. Hörst du...
   Von langen Zauberschnüren
   wer ahnt, wohin die führen?
   Hörst du...

Dazu als Bewegung: Hände der Kinder verbinden sich zu einer langen „Zauberschnur“.

4. Hörst du...
   Von wunderbaren Sachen,
   die wir zusammen machen.
   Hörst du...

Dazu als Bewegung: Hände probieren verschiedene Möglichkeiten aus, miteinander zu spielen und sich zu bewegen.

Bob Graham

Bruno Feder Elfenkind

Erzählen & Entdecken

In unserem lauten und hektischen Alltag werden Elfen leicht übersehen - wäre da nicht Annabelle mit ihrem feinen Sinn für das stille Leben zwischen zwei Zaunlatten. Während ihr Vater die Nachmittagsstunden in der sommerlichen Stadt lieber mit dem Computer verbringt und ihre Mutter immerhin bereit ist, den Elfen Tee und Törtchen zu servieren, schließt Annabella Freundschaft mit dem Elfenkind Bruno Feder. Und es dauert nicht lange, da kennt sie die ganze Feder-Familie und hat auch sonst einiges vom leicht-beschwingten Dasein der kleinen Wesen gelernt. Wer so auf den Flügeln der Fantasie durch den Tag schwebt, kann auch nachts wunderbar träumen.

Ein Bibelzitat aus Hebräer 13,1.2 - als Vorspruch abgedruckt auf der ersten Seite des Bilderbuches - stimmt bedeutungsvoll ein in die federleichte Geschichte von den wundersamen Wesen: „Bleibt fest in der brüderlichen Liebe. Gastfrei zu sein, vergesset nicht; denn dadurch haben etliche ohne ihr Wissen Engel beherbergt."
Gewiss soll das Buch damit nicht auf eine religiöse Lesart festgelegt werden. Doch klingt hier an, dass eine behutsame, freundliche und sensible Offenheit für die Geheimnisse des Lebens, dass sozusagen der Blick „zwischen die Zaunlatten unserer klar umgrenzten Wirklichkeit" auch in eine religiöse Dimension führen kann. Die Dinge, die dies geschehen lassen, sind eigentlich ganz einfach und unspektakulär - und haben es doch schwer in einer an Effizienz und Berechenbarkeit orientierten Erwachsenenwelt. Da wäre an erster Stelle der Faktor Zeit zu nennen: Wo Zeit lückenlos und stets zweckgebunden verplant ist, finden Elfen oder Engel nur selten ein Türchen, um hineinzuschlüpfen in unser Leben. Annabella dagegen ist großzügig im Verschenken von Zeit und lässt so das Glück des Augenblickes gastfreundlich bei sich wohnen. Mit viel Geduld, Liebe und Leidenschaft traut sie selbst dem Unkraut in der Betonritze ein Geheimnis zu

Geheimnisse des Lebens

– und entdeckt gerade dort, wo niemand etwas zu sehen glaubt, die ersten zarten Elfenspuren. Nicht allein die frei verschenkte Zeit – auch freie Sinne, die das Leise hören und das Verborgene erkennen, sind Zeichen einer solchen Gastfreundschaft.
Ein Buch über Elfen oder Engel steht leicht in der Gefahr, sprachlich wie bei den bildlichen Darstellungen ins Kitschige abzugleiten. Nicht so bei Bob Graham: Indem er die Elfenfamilie Feder nicht süßlich verklärt, sondern eher bodenständig als patente Eiscreme-Verkäufer beschreibt, tragen diese ganz weltliche Züge und lassen einmal mehr ahnen: Das Wunderbare im Alltag ist manchmal zum Greifen nah – vorausgesetzt, wir gehen dafür ab und zu in die Knie, sind bereit, unseren Kuchen auch mit Fremden zu teilen und lassen uns gelegentlich von einer „Elfenuhr" die Zeit ansagen. Denn für Elfen vergeht die Zeit einfach langsamer.

Spielen & Gestalten

Das Buch sagt unmissverständlich: Fantasie braucht Freiraum und Zeit zur Entfaltung. Nicht zuletzt geschieht dies immer wieder im freien Spiel und im fantasievollen Erproben der eigenen Wahrnehmungs- und Ausdrucksmöglichkeiten. Gelegenheiten dafür können sich überall ergeben: beim Spiel in der Sandkiste – oder eben beim Entdecken einer kleinen Lücke im Gartenzaun. In diesem Sinne sind die nachfolgenden Anregungen als Impulse zu verstehen, die das freie Träumen, Trödeln und Fantasieren der Kinder nicht durch vorgegebene Spielvorschläge ersetzen, wohl aber beleben und ergänzen mögen.

Spiellied „Elfenkinderlied"

Spielmöglichkeiten (Lied siehe Seite 89):

Wie singen Elfenkinder?

Das im Text ausgeschriebene Summen zeigt nur eine von vielen Möglichkeiten, „Elfengesänge" zu erfinden und zum Klingen zu bringen. Mit anderen Summ-, Säusel- oder Singlauten (z. B. „susisusisu ...", „winiwiniwu ...") können verschiedene Varianten erprobt werden.

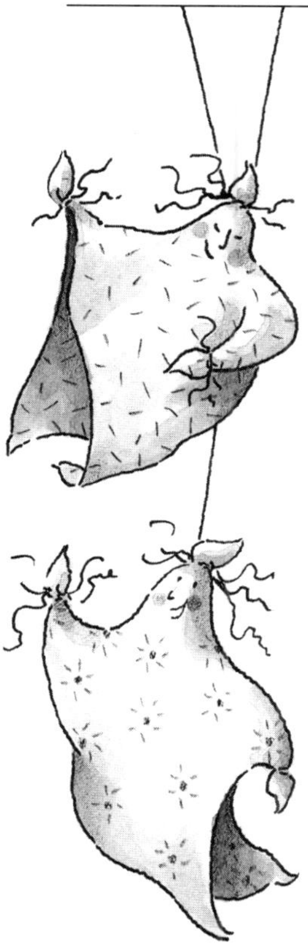

Elfentanz zum Lied

Elfen, die zum Lied durch den Raum tanzen, lassen sich aus Watte oder Rohwolle leicht basteln. Dazu wird das Material fedrig auseinander gezupft und mit einem dünnen weißen Faden so abgebunden, dass eine Art Köpfchen entsteht und die Figur am langen Fadenende geführt werden kann. Auch aus Taschentüchern oder Seidenpapier lassen sich mit etwas Fantasie federleichte „Elfenmarionetten“ herstellen (Anleitung siehe Seite 73 f.).
Zum Lied wird nun ein großer Kreis gebildet: In der Mitte sitzt ein Kind, dass sich auf Elfenbesuch freut. Die gebastelten Elfen an Fäden schweben bei der 1. Strophe mit den Kreiskindern langsam auf die Mitte zu, tanzen um das Kind herum und fliegen plötzlich wieder davon.

Sommerfest mit Elfenschmaus

Die Beschäftigung mit dem Bilderbuch „Bruno Feder Elfenkind“ bietet sich auch als Vorbereitung und thematische Einstimmung in ein gemeinsames Sommerfest (z. B. zur Verabschiedung der Schulkinder im Kindergarten) an. Dabei kann das Elfenkinderlied vorgeführt und mit weiteren Spielideen (siehe unten) und „Zeichen der Gastfreundschaft“ ergänzt werden, die sich aus der Geschichte ergeben. Klar, dass bei so einem Fest feine Elfenspeisen nicht fehlen dürfen, z. B.:

- ein Obstkuchen mit weißer Eischnee-Haube als „Früchtetraum unterm Elfenkissen“
- ein Mixgetränk aus verschiedenen Fruchtsäften als „Elfenzaubertrunk“, an dessen Rezeptur die Kinder bestimmt gern mitmischen
- kleine „Törtchen à la Annabelle's Mama“ (in Muffin-Formen leicht herzustellen)
- auch fantasievolle Eiscreme-Kreationen können als Spezialität der Elfenfamilie Feder ausgegeben werden, die ja in der Geschichte eine fahrende Eisdiele betreiben.

Weitere „Elfenkinderspiele“ und Gestaltungsanregungen

„Vorsicht, kleine Elfenkinder!“

Wahrnehmungsspiel:

Elfen sind so klein und unauffällig, dass man aufpassen muss, um sie nicht mit unbedachten Schritten anzustoßen oder gar zu

verletzen. Aber zum Glück singen sie meistens ihre unverwechselbaren Elfengesänge - das haben wir durch das Lied bereits erfahren. Für das Spiel verteilen sich nun einige Kinder draußen oder in einem großen Raum, hocken sich auf die Erde und summen eine leise „Elfenweise".
Einer zweiten Gruppe von Kindern werden nun die Augen verbunden. Vorsichtig bewegen sie sich durch das Elfenreich und hören dabei genau auf die feinen Gesänge. Gut, wenn es ihnen gelingt, möglichst kein Elfenkind dabei anzustoßen, denn das mögen die zarten Wesen überhaupt nicht. Auf der anderen Seite des Raumes oder der Freifläche wartet die Mutter bereits mit Tee und Törtchen. Ein deutliches Klappern mit einem Löffel an Tasse und Teller gibt den „Blinden" die Richtung ihres Weges zum Ziel an.

Elfenwohnung im Schuhkarton

Basteln und Spielen:

Wie mag es aussehen bei Familie Feder oder anderen Elfenfamilien zu Hause? Der Fantasie sind keine Grenzen gesetzt, wenn ein Schuhkarton mit Inventar aus Pappe, Papier und allerlei Krimskrams als „Elfenwohnung" bemalt und ausgestattet wird. Kommen noch kleine gebastelte Elfenfiguren als Bewohner dazu, lassen sich so auch kleine „Kartontheatergeschichten" inszenieren.

Elfengärtchen anlegen

Naturerfahrung:

Annabelle hat ihre Elfen zwischen Unkraut entdeckt. Es sind also nicht unbedingt die kurzgeschorenen Rasenflächen, sondern vielmehr die eher etwas „verwilderten" Gartenecken, in denen Elfenfantasien spazieren gehen können. Wo lassen sich solche Ecken im eigenen Garten, auf dem Kindergarten-Grundstück oder in der freien Natur noch finden? Vielleicht haben die Kinder Gelegenheit, ganz in der Nähe ein kleines verkrautetes Stückchen zum „Elfengarten" zu erklären, der gewiss die Fantasie beflügelt. Ein selbstgemachtes, in den Boden gestecktes Hinweisschild am Eingang des kleinen Paradieses kann dafür sorgen, dass das Fleckchen Wildnis von allen bewahrt und respektiert wird.

Elfenkinderlied

Text und Töne: Susanne Brandt

2. Wollen heut ein Kind besuchen
   mmmmmmm
   freuen sich auf Saft und Kuchen
   mmmmmmm
   drehen tanzend ihre Runden
   mmmmmmm
   sind auf einmal still verschwunden

Nele Moost · Jutta Bücker

Wo die Schaluppen glitzern

Erzählen & Entdecken

Sehnsucht und Angst

Der kleine Fuchs und der kleine Wolf wohnen glücklich und zufrieden im Tal, wo die Nachtkerzen blühen. Da taucht eines Tages ein Fremder auf und erzählt ihnen vom Meer. Von nun an haben sie nur noch einen Wunsch: Sie wollen dorthin, wo die Barkassen tanzen und die Schaluppen glitzern. Voller Vorfreude basteln sie sich kleine Boote und packen ihre Rucksäcke für die Reise, zu der sie bald gemeinsam aufbrechen werden. Aber der Weg führt durch den dunklen Wald. Kurz vor dem Ziel kommt ihnen die Angst so mächtig in die Quere, dass sie zurück ins vertraute Tal fliehen. Hier schicken sie weiter ihre Traumboote aus Papier in den Wind und spüren ihre Sehnsucht stärker, als je zuvor. Aus Trauer über den gescheiterten Versuch, lassen sogar die leuchtenden Nachtkerzen bald blass ihre Köpfe hängen. Und was das Schlimmste ist: Auch die Träume verblassen und verschwinden allmählich ganz aus ihrem Leben.
„Ohne Träume kann keiner leben“, stellen beide endlich fest und wagen sich erneut auf den Weg durch den Wald. Die Angst kommt - aber die Angst weicht zurück, als sie ihr mutig entgegentreten. Dem ersehnten Blick aufs weite Meer steht nun nichts mehr im Wege.

Sehnsucht, Träume und eine Angst, die nicht nur Wege versperrt, sondern gar Träumen den Atem nimmt, sind das Thema dieser Geschichte. Dabei sprechen die Bilder im Text wie in den Illustrationen eine klare Symbolsprache, die auch von jüngeren Kindern intuitiv verstanden wird: Licht und Dunkelheit stehen für Gefühle der Hoffnung wie der Angst. Das Tal verkörpert die Geborgenheit im Vertrauten, lässt den Blick aber nicht in die Weite wandern. Der dunkle Wald und der hohe Turm fordern den Suchenden Mut und Anstrengung ab. Beim ersten Anlauf scheitern sie daran. Aber der drohende Verlust der Träume wiegt schwerer als die Angst vor der Angst. Nun fest entschlossen, den Ängsten und Mühen des Weges nicht ein zweites Mal auszuweichen, erreichen sie am Ende das Ziel ihrer Träume: Ein weiter, bisher ungeahnter Horizont tut sich vor ihren Augen auf.

Weg- und Bewährungsgeschichte

Das Bilderbuch steht damit in der Tradition alter Weg- und Bewährungsgeschichten, wie wir sie auch aus der Bibel und dem Märchen kennen. Die gesamte Menschheitsgeschichte wäre nicht denkbar ohne solche Aufbrüche ins Ungewisse, ohne Angstüberwindung und ohne die Triebkraft von Träumen und Sehnsüchten, die uns hilft, Mauern zu überspringen und die Enge des Tals zu verlassen, um Ausschau zu halten nach einem neuen, einem weiteren Horizont.

In diesem Sinne fördert die Geschichte behutsam und kindgerecht das Vertrautwerden mit den Ursymbolen für menschliche wie auch religiöse Erfahrungen.

Aber was sind nun eigentlich Schaluppen? Nicht nur Kinder werden sich vielleicht diese Frage stellen, wenn ihnen der Titel erstmals begegnet. Gewiss haben sich Autorin und Verlag etwas dabei gedacht, als sie sich an so exponierter Stelle für ein so ungebräuchliches Wort entschieden.

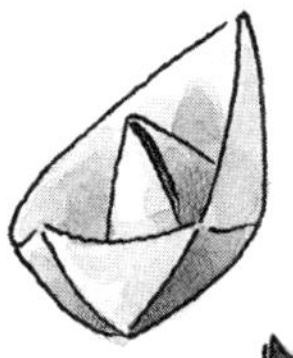

Man kommt der Antwort mit einer kleinen Gegenprobe auf die Spur: Titel wie „Wo die Boote glitzern“ oder „Wo die Schiffe glitzern“ – das wären klare Richtungsweiser ohne Rätselwort. Aber wären das noch passende Titel für ein Buch, das von der ersten bis zur letzten Seite mit dem Rätselhaften, mit der Sehnsucht nach dem „Ich-weiß-nicht-genau-wo-und-was-das-ist“ spielt? Es wäre also gar nicht so hilfreich, der Geschichte gleich zu Beginn etwas von ihrem Geheimnis zu nehmen, indem das sonderbare Titelwort mit einer sachlichen Erklärung „entzaubert“ wird. Sollen doch die Leserinnen und Leser selbst ein Stück mit den beiden im Dunkeln tappen, die Fantasie auf Reisen gehen lassen und einer Ahnung folgen, die eher im Staunen als in Erklärungen Gewissheit findet.

Spielen & Gestalten

Papierschiffe-Werkstatt

Es kommt nicht so sehr darauf an, genau zu wissen, wie Schaluppen aussehen. Vielmehr geht es darum, die Kinder zum Schauen, Staunen und Entdecken anzuregen wie auch ihren eigenen Ahnungen und Fantasien zum Ausdruck zu verhelfen. Manches in dem Buch deutet eher verborgen und unauffällig auf kleine „Traumschiffe" hin. Den Blick wie die eigene Vorstellungskraft dafür gilt es zu sensibilisieren. Wer sich die Bilder genau anschaut, kann den Freunden beim Ausschneiden von Schiffsketten aus Papier zuschauen. Auch einfach gefaltete Boote gibt es zu entdecken. Wer findet sie? Wer schafft es, die Papierschiffe selbst nachzubasteln?

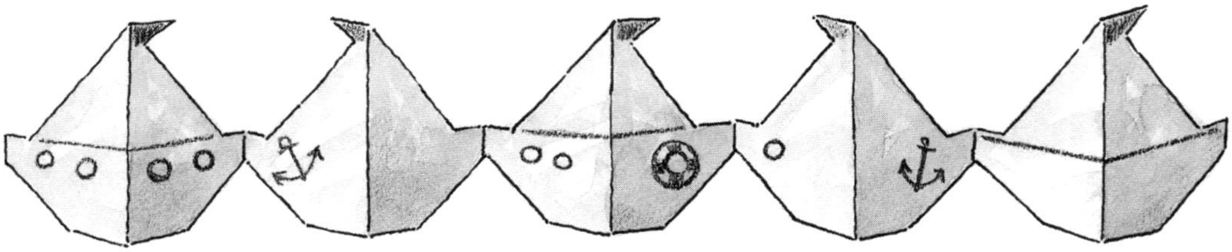

Laternen-Werkstatt

Erfahrungen mit Licht und Dunkelheit sind ein durchgehendes Element der Geschichte. Bastelangebote zu verschiedenen Formen von Laternen helfen dies in besonderer Weise zum Ausdruck zu bringen.

Tischlampe als „Erzähllaterne" gestalten

Zu der stimmungsvollen Geschichte von den leuchtenden Schaluppen lässt sich gut eine „Erzähllaterne" basteln, die auf vier Bildseiten vier Szenen aus dem Buch mit folgenden Motiven darstellt:

1. Leuchtend bunte Blumen im Tal
2. Dunkler Wald mit Baumschatten
3. Turm auf einem Berg (oder Ausschnitt der Turmtreppe mit ihren vielen Stufen)
4. Leuchtende Boote auf dem Wasser

Material: Die Bastelarbeiten, die als Vorbereitung für das stimmungvolle „Erzählen an der Laterne" nötig sind, lohnen sich: Aus vier gleichgroßen Bögen Pappe oder Plakatkarton (etwas größer als DIN A3) wird zunächst jeweils ein großes Mittelfeld (etwas kleiner als DIN A 3) ausgeschnitten, so dass jeweils nur ein stabiler Außenrahmen stehen bleibt. Dort hinein werden später die vier fertigen Bildseiten geklebt. Die vier Bildseiten lassen verschiedene Gestaltungsmöglichkeiten zu: Sie können mit Wachsmalstiften auf DIN A 3-Schreibpapier gemalt werden (durch dünnes Einölen mit Speiseöl wird das Papier anschließend lichtdurchscheinend) oder lassen sich aus buntem Transparentpapier und schwarzem Tonkarton schneiden und kleben, wie man es auch von üblichen Kinderlaternen mit Bildern kennt. Zum Quadrat aneinandergefügt in Form einer einfachen Tischlaterne (z. B. Kanten mit Klebe-/Paketband verbinden; dabei Reihenfolge der Bilder beachten!) leuchten die gerahmten Bildseiten in alle vier Richtungen, wenn bei abgedunkeltem Raum im Innern der Laterne eine Kerze brennt.

So wird erzählt: Beim Erzählen versammeln sich die Kinder im Halbkreis vor der Laterne, die neben der Erzählerin oder dem Erzähler auf dem Boden oder Tisch steht. Der Blick der Zuhörerinnen und Zuhörer fällt so jeweils auf das Bildmotiv der Laterne, das nach vorne weist. Im Verlauf der Geschichte wird die Laterne nun zu gegebener Zeit weitergedreht (oder auch zurück zu einem bereits gezeigten Bild, das für die Handlung wiederholt von Bedeutung ist), so dass die sichtbar nach vorn ausgerichtete Bildseite jeweils passend zum Fortgang der Geschichte wechselt.

Für die „Schaluppengeschichte" hieße das:

1. Ausgangssituation: Bild vom Tal mit den leuchtend bunten Blumen
2. Bild vom dunklen Wald (erster Versuch, sich auf den Weg zu machen)
3. Zurück im Tal: nochmals das „Talbild" Nr. 1 (Kerze evtl. langsam abdunkeln oder ganz verlöschen lassen, um das Sterben der Träume und das verblassen der Blumen darzustellen)
4. Erneuter Aufbruch: nochmals das „Waldbild" Nr. 2
5. Der Wald ist überwunden! Es gilt, den Turm zu ersteigen.
6. Endlich am Ziel: ein wunderschöner Blick übers Wasser tut sich auf!

Die fertige Laterne lässt sich flach zusammenlegen, handlich in einer Mappe verwahren und an jedem Ort problemlos aufstellen. Praktische Erfahrungen damit zeigen: Gerade kleinere Kinder im jüngsten Bilderbuchalter reagieren mit erstaunlicher Aufmerksamkeit und Spannung auf den geheimnisvollen Zauber, der durch das Kerzenlicht auf die Bilder übertragen wird und ausstrahlt. Für die Geschichte entsteht somit eine ganz besondere Erzählatmosphäre und persönliche Nähe. Die Konzentration der Kinder richtet sich wie von selbst auf die ruhig leuchtende Laterne als einzige Licht- und Bildquelle im Raum - und damit auch auf die Geschichte. Anschließend gelingt es leicht, anhand der beliebig wiederholbaren Laternenbilder Szenen des Geschehens in Erinnerung zu rufen und von den Kindern frei nacherzählen zu lassen.
Das Lied „Trau dich“ kann die gemütliche Runde eröffnen oder beschließen.

Einfache Handlaterne

Als einfache Variante lassen sich Motive aus der Geschichte auch bei der Gestaltung einer Handlaterne fürs herbstliche Laternelaufen aufgreifen. Leuchtende Boote oder leuchtende Blumen bieten sich hier als Bildelemente aus dem Buch an und können mit unterschiedlichen Techniken (z. B. gemalt mit Wachsmalstiften auf geöltem Papier, bunte Klebebilder in Reißtechnik o.ä.) auch schon von kleineren Kindern zu Papier gebracht werden.

Trau dich

Text und Melodie: Susanne Brandt

Das Lied lässt sich mit anderen Träumen der Kinder beliebig variieren, indem anstelle des Wortes „Licht“ in der ersten und letzten Zeile andere Wörter eingesetzt werden.
Schön, wenn das Singen mit wechselnder Dynamik gelingt: Der Rahmenvers „Trau dich“ verträgt einen mutigen starken Gesang, während der Mittelteil leise wie die zurückweichende Angst interpretiert wird.

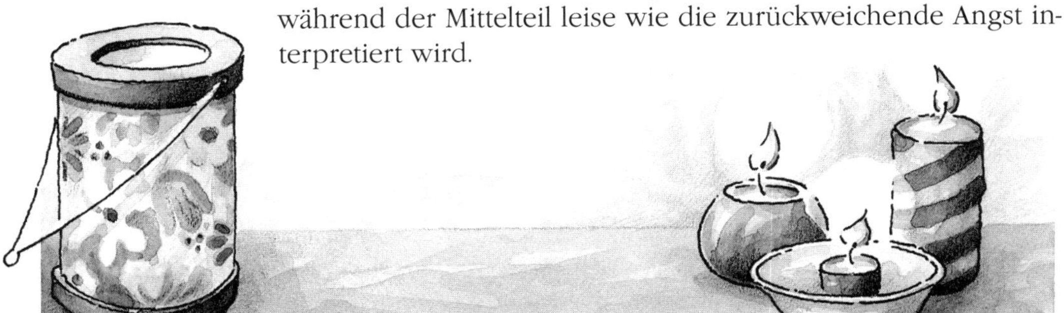

KaufmannKindergarten

Ilse Jüntschke

Abschied und Neubeginn im Kindergarten

Anregungen und Vorschläge für Erzieherinnen.
Mit einleitenden Beiträgen von Wolfgang Longardt.
120 S. mit Illustrationen von Elke Junker, Stefan Horst und Iris Buchholz, kart.

Ilse Jüntschke

Im Kindergarten die Herbstzeit erleben

Anregungen und Vorschläge für Erzieherinnen.
Mit einleitenden Beiträgen von Wolfgang Longardt.
136 S. mit Illustrationen von Elke Junker und Stefan Horst, kart.

Ilse Jüntschke

Im Kindergarten die Osterzeit erleben

Anregungen und Vorschläge für Erzieherinnen.
128 S. mit vielen Illustrationen von Elke Junker und Stefan Horst, kart.

Gerlinde Knisel-Scheuring

Im Kindergarten den Muttertag vorbereiten

Anregungen und Vorschläge für Erzieherinnen.
128 S. mit vielen Illustrationen von Stefan Horst, Elke Junker und Iris Buchholz, kart.

Ilse Jüntschke

Religiöse Erziehung im Kindergarten

Anregungen und Vorschläge für Erzieherinnen.
Mit einleitenden Beiträgen
128 S. mit vielen Illustrationen von Elke Junker und Stefan Horst, kart.

Beate Maly

Im Kindergarten das Jahr erleben

Anregungen und Vorschläge für Erzieherinnen.
128 S., mit Illustr. von Elke Junker und Stefan Horst, kart.

Ilse Jüntschke

Im Kindergarten Weihnachten erleben

Anregungen und Vorschläge für Erzieherinnen.
Mit einleitenden Beiträgen von Wolfgang Longardt.
128 S. mit Illustrationen von Elke Junker und Stefan Horst, kart.

Rolf Krenzer

Meine schönsten Krippenspiele

136 S. mit 35 Liedern, illustriert von Elke Junker und Stefan Horst, kart.

Verlag Ernst Kaufmann
Postfach 2208 · 77912 Lahr